中国人民大学研究报告系列

中国各地区财政发展指数报告

2020

CHINA'S REGIONAL FISCAL
DEVELOPMENT INDEX REPORT

主　编　马光荣　吕冰洋

中国人民大学出版社
· 北京 ·

总序

陈雨露

当前中国的各类研究报告层出不穷，种类繁多，写法各异，成百舸争流、各领风骚之势。中国人民大学经过精心组织、整合设计，隆重推出由人大学者协同编撰的"研究报告系列"。这一系列主要是应用对策型研究报告，集中推出的本意在于，直面重大社会现实问题，开展动态分析和评估预测，建言献策于咨政与学术。

"学术领先，内容原创，关注时事，咨政助企"是中国人民大学"研究报告系列"的基本定位与功能。研究报告是一种科研成果载体，它承载了人大学者立足创新，致力于建设学术高地和咨询智库的学术责任和社会关怀；研究报告是一种研究模式，它以相关领域指标和统计数据为基础，评估现状，预测未来，推动人文社会科学研究成果的转化应用；研究报告还是一种学术品牌，它持续聚焦经济社会发展中的热点、焦点和重大战略问题，以扎实有力的研究成果服务于党和政府以及企业的计划、决策，服务于专门领域的研究，并以其专题性、周期性和翔实性赢得读者的识别与关注。

中国人民大学推出"研究报告系列"，有自己的学术积淀和学术思考。我校素以人文社会科学见长，注重学术研究咨政育人、服务社会的作用，曾陆续推出若干有影响力的研究报告。譬如自 2002 年始，我们组织跨学科课题组研究编写的《中国经济发展研究报告》《中国社会发展研究报告》《中国人文社会科学发展研究报告》，紧密联系和真实反映我国经济、社会和人文社会科学发展领域的重大现实问题，十年不辍，近年又推出《中国法律发展报告》等，与前三种合称为"四大报告"。此外还有一些散在的不同学科的专题研究报告，也连续多年在学界和社会上形成了一定的影响。这些研究报告都是观察分析、评估预测政治经济、社会文化等领域重大问题的专题研究，其中既有客观数据和事例，又有深度分析和战略预测，兼具实证性、前瞻性和学术性。我们把这些研究报告整合起来，与人民大学出版资源相结合，再做新的策划、征集、遴选，形成了这个"研究报告系列"，以期放大规模效应，扩展社会服务功能。这个系列是开放的，未来会依情势有所增减，使其动态成长。

中国人民大学推出"研究报告系列"，还具有关注学科建设、强化育人功能、推进协同创新等多重意义。作为连续性出版物，研究报告可以成为本学科学者展示、交流学术成果的平台。编写一部好的研究报告，通常需要集结力量，精诚携手，合作者随报告之连续而成为稳定团队，亦可增益学科实力。研究报告立足于丰厚素材，常常动员学生参与，可使他们在系统研究中得到学术训练，增长才干。此外，面向社会实践的研究报告必然要与政府、企业保持密切联系，关注社会的状况与需要，从而带动高校与行业企业、政府、学界以及国外科研机构之间的深度合作，收"协同创新"之效。

为适应信息化、数字化、网络化的发展趋势，中国人民大学的"研究报告系列"在出版纸质版本的同时将开发相应的文献数据库，形成丰富的数字资源，借助知识管理工具实现信息关联和知识挖掘，方便网络查询和跨专题检索，为广大读者提供方便适用的增值服务。

中国人民大学的"研究报告系列"是我们在整合科研力量，促进成果转化方面的新探索，我们将紧扣时代脉搏，敏锐捕捉经济社会发展的重点、热点、焦点问题，力争使每一种研究报告和整个系列都成为精品，都适应读者需要，从而铸造高质量的学术品牌、形成核心学术价值，更好地担当学术服务社会的职责。

前　言

　　财政是国家治理的基础和重要支柱，财政收支也是经济社会发展的晴雨表。因此，财政数据是刻画中国经济社会发展的一张重要底图。

　　中国是一个面积和人口双重意义上的大国，为了更有效地提供公共物品，中央将相当多公共物品的提供责任赋予了地方政府，地方财政支出占比接近90％。同时，地方财政自有收入占比也接近60％[①]。因此，地方财政在我国国家治理和经济社会发展当中充当了关键角色。而与此同时，由于我国各地区发展水平的差异，地方财政的运行呈现出了巨大的地区间差异，各地区在人均财政收入、财政收入结构、财政支出结构、地方债务率、社保负担、基本公共服务均等化等诸多方面存在差异。这些差异既是各地区经济社会发展差异的晴雨表，也对各地区经济社会发展产生了关键性影响。为了全面地反映这些差异，本报告编制了中国各地区财政发展指数。

　　地方财政发展总指数由财政收入稳健、财政支出优化、债务可持续、社会保障可持续、基本公共服务、省内财政均衡性等六个方面指数构成，指数从2008年开始分省分年度进行测算[②]。每个方面指数由若干分项指标构成，共计28个分项指标。各方面指数和分项指标具体如表0-1所示：

---

　　① 如计算"四本预算"合计下全口径财政收支，2019年我国地方财政支出比重达91％，地方财政收入比重达62％。

　　② 从2008年开始主要有两个考虑：（1）2008年我国才开始正式建立"四本预算"的预算体系；（2）2007年我国对财政收支分类进行了改革。

表 0-1 财政发展指数构成一览表

指标名称	指数方向	权重	指标类别	定义
1. 财政收入稳健指数		100%	方面指数	
1a 人均财政收入	正向	60%	分项指标	一般公共预算收入/人口（剔除价格因素）
1b 税收收入占比	正向	20%	分项指标	税收收入/一般公共预算收入
1c 大税占比	正向	10%	分项指标	（增值税＋企业所得税＋个人所得税＋营业税）/税收收入
1d 土地财政依赖度	负向	10%	分项指标	土地出让收入/一般公共预算收入
2. 财政支出优化指数		100%	方面指数	
2a 人均财政支出	正向	20%	分项指标	一般公共预算支出/人口（剔除价格因素）
2b 教育支出占比	正向	15%	分项指标	教育支出/一般公共预算支出
2c 医疗支出占比	正向	15%	分项指标	医疗支出/一般公共预算支出
2d 社会保障支出占比	正向	10%	分项指标	就业和社会保障支出/一般公共预算支出
2e 科技支出占比	正向	10%	分项指标	科技支出/一般公共预算支出
2f 环保支出占比	正向	10%	分项指标	节能环保支出/一般公共预算支出
2g 行政管理支出占比	负向	10%	分项指标	一般公共服务支出/一般公共预算支出
2h 财政投资性支出占比	负向	10%	分项指标	固定资产投资资金来源中的"国家预算资金"/一般公共预算支出
3. 债务可持续指数		100%	方面指数	
3a 显性债务率	负向	50%	分项指标	地方政府一般债券与专项债券余额之和/GDP
3b 隐性债务率	负向	20%	分项指标	地方城投公司的有息债务余额/GDP
3c 广义债务率	负向	30%	分项指标	显性债务率＋隐性债务率
4. 社会保障可持续指数		100%	方面指数	
4a 养老保险抚养比	负向	40%	分项指标	城镇职工养老保险参保人当中的退休人数/在职职工人数
4b 养老保险基金盈余率	正向	40%	分项指标	（城镇职工养老保险基金当年收入－当年支出）/当年收入
4c 医疗保险基金盈余率	正向	20%	分项指标	（城镇职工医疗保险基金当年收入－当年支出）/当年收入
5. 基本公共服务指数		100%	方面指数	
5a 义务教育生师比	负向	15%	分项指标	义务教育学生人数/义务教育老师人数
5b 每千人口卫生技术人员	正向	15%	分项指标	卫生技术人员/人口数

续表

指标名称	指数方向	权重	指标类别	定义
5c 每千人口医疗机构床位数	正向	10%	分项指标	医疗机构床位数/人口数
5d 人均图书馆藏书量	正向	15%	分项指标	公共图书馆藏书量/人口数
5e 公路密度	正向	30%	分项指标	(年末实有道路面积/行政区域土地面积)×1 000
5f 每千人口民政机构床位数	正向	15%	分项指标	民政机构床位数/人口数
6. 省内财政均衡性指数		100%	方面指数	
6a 省内各市人均财政收入差距	负向	20%	分项指标	省内各市人均财政收入的基尼系数
6b 省内各市人均财政支出差距	负向	20%	分项指标	省内各市人均财政支出的基尼系数
6c 省内财政均等化力度	正向	20%	分项指标	省内各市人均财政支出的基尼系数－省内各市人均财政收入的基尼系数
6d 省内基本公共服务差距	负向	40%	分项指标	省内各市基本公共服务指数的基尼系数*
财政发展总指数			总指数	财政收入稳健指数×0.25＋财政支出优化指数×0.25＋债务可持续指数×0.1＋社会保障可持续指数×0.2＋基本公共服务指数×0.1＋省内财政均衡性指数×0.1。

注：其中一般公共预算收入、一般公共预算支出均为地方政府本级收支。

* 省内各市基本公共服务指数的构建，见本报告第二篇。

　　每个分项指标的原始数据来源于各类年鉴中的公开数据。我们对每个分项指标进行指数化，计算得出每个指数的得分。参考樊纲等（2011）[1] 构造市场化指数的方法，第 i 个指标得分的计算方法具体如下：

$$第\ i\ 个指标得分＝\frac{V_i－V_{\min}}{V_{\max}－V_{\min}}×100$$

其中 V_i 是某个省份第 i 个指标的原始数据，$V_{\max}$ 是与所有 31 个省份[2]基年（2008年）第 i 个指标相对应的原始数据中数值最大的一个，$V_{\min}$ 则是最小的一个。

[1]　樊纲，王小鲁，朱恒鹏. 中国市场化指数：各地区市场化相对进程 2011 年报告 ［M］. 北京：经济科学出版社，2011.
[2]　本报告剔除了香港、澳门、台湾的数据。

为了使各年份的指标跨年度可比，第 i 个指标第 t 年得分的计算方法如下：

$$第\ i\ 个指标第\ t\ 年得分 = \frac{V_{i(t)} - V_{\min(0)}}{V_{\max(0)} - V_{\min(0)}} \times 100$$

其中脚标（t）代表所计算的年份，脚标（0）代表基期年份。

对于基期以后年份负向指标的计算，采用如下公式：

$$第\ i\ 个指标第\ t\ 年得分 = \frac{V_{\max(t)} - V_{i(t)}}{V_{\max(0)} - V_{\min(0)}} \times 100$$

由于以上这两个公式的性质，单项指数在非基期年份的最高和最低得分允许大于 100 或小于 0。

图 0-1 是 2008—2019 年各省份财政发展总指数的平均趋势。总指数得分范围在 44～55 分之间。财政发展总指数在 2010、2013、2016、2019 年四年略有下降，主要是受地方财政收入结构当中非税和小税种占比上升、地方债务规模上升过快、债务可持续下降以及部分省份人口老龄化速度快、社保可持续性下降的影响。

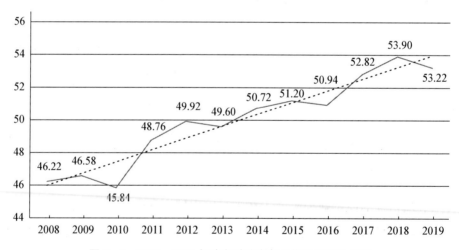

图 0-1　2008—2019 年地方财政发展总指数的平均趋势

财政发展总指数在地区间存在较大差异[①]。如图 0-2 显示，东部的财政发展总指数明显高于中部和西部地区，而中西部两者差异较小。图 0-3 显示财政发展指数与人均 GDP 呈现出高度正相关的关系。但与此同时，从图 0-4 中也可以看出，

---

①　因本报告在计算省内均衡性指数时，剔除了 4 个直辖市，以及在多数年份中地级市数量少于 3 个的省和自治区（海南、西藏、青海、新疆）的样本，仅考察并计算余下的 23 个省（自治区）的省内财政均衡性指数，因此在计算总指数时，本课题组将 31 个省（自治区、直辖市）前五项指数加权平均，以此作为排名依据，取缺失总指数的样本前后两个样本的平均值作为赋值，若前后总指数值有缺失，则取与其最邻近样本的总指数进行赋值，并排序。

各省财政发展总指数的排序与人均 GDP 的排序总体一致，并不完全相同。例如四川的人均 GDP 位列全国第 18 位，但是财政发展指数却位列第 27 位。

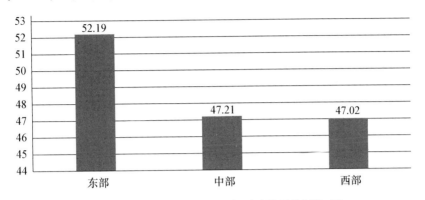

图 0 - 2　东中西部地区 2019 年财政发展总指数对比

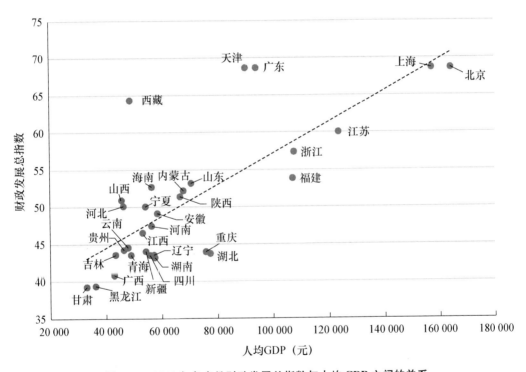

图 0 - 3　2019 年各省份财政发展总指数与人均 GDP 之间的关系

从表 0 - 2 的 2008 年和 2019 年各省份财政发展总指数的排序可以看出，部分省份名次下滑较为明显，例如山西从 2008 年第 4 位下降到 2019 年的第 13 位，吉林从第 8 位下降到第 24 位，广西从第 17 位下降到第 29 位，甘肃从第 25 位下降到第 31 位。与此同时，另一些省份排名上升较快，例如陕西从第 21 位上升到第 12 位，天津由第 10 位上升到第 3 位。由此可见，各地方政府在此十余年间的财政发展情况具有差异。

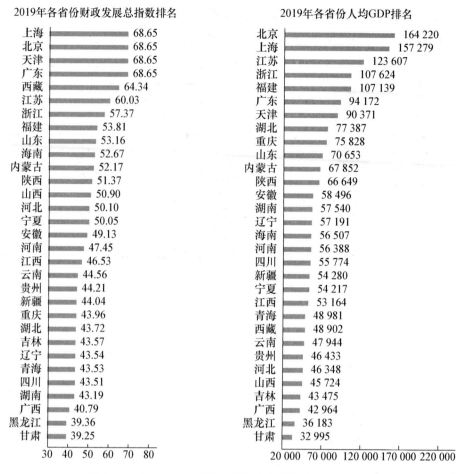

图 0 - 4　2019 年各省份财政发展总指数与人均 GDP 排名

表 0 - 2　2008 年和 2019 年各省份财政发展总指数和排名

排名	年份	省份	指数	年份	省份	指数
1	2008	北京	58.52	2019	上海	68.65
2		上海	58.52		北京	68.65
3		浙江	58.52		天津	68.65
4		山西	53.74		广东	68.65
5		广东	52.07		西藏	64.34
6		宁夏	50.68		江苏	60.03
7		江苏	49.74		浙江	57.37
8		吉林	47.67		福建	53.81
9		山东	47.15		山东	53.16
10		天津	47.06		海南	52.67

续表

排名	年份	省份	指数	年份	省份	指数
11		河北	46.96		内蒙古	52.17
12		新疆	46.90		陕西	51.37
13		福建	46.65		山西	50.90
14		内蒙古	46.48		河北	50.10
15		辽宁	44.86		宁夏	50.05
16		青海	44.60		安徽	49.13
17		广西	44.34		河南	47.45
18		黑龙江	44.30		江西	46.53
19		江西	44.14		云南	44.56
20		贵州	43.09		贵州	44.21
21	2008	陕西	42.95	2019	新疆	44.04
22		河南	42.73		重庆	43.96
23		云南	42.28		湖北	43.72
24		湖北	41.63		吉林	43.57
25		甘肃	41.49		辽宁	43.54
26		湖南	41.09		青海	43.53
27		海南	40.51		四川	43.51
28		安徽	39.94		湖南	43.19
29		重庆	39.12		广西	40.79
30		四川	37.14		黑龙江	39.36
31		西藏	37.14		甘肃	39.25

　　报告共分成三篇：第一篇具体介绍分省财政发展指数六个方面的指数；第二篇将财政发展指数测算到分市层面，对分市财政发展指数进行分析；第三篇是关于促进我国财政发展的政策建议。

　　本报告由中国人民大学财税研究所的研究人员通力合作完成，马光荣、吕冰洋负责统稿，参与报告研究和撰写的课题组成员有：程小萌、李紫薇、范思源、黄叙涵、赵耀红、窦艺、熊芮、贾琼。

目 录 ▶

第一篇 分省财政发展指数

第二篇　城市财政发展指数

第三篇　促进我国财政发展的政策建议

第一篇　分省财政发展指数

第一章 财政收入稳健指数

本部分介绍地方财政收入稳健指数，该指数由人均财政收入、税收收入占比、大税占比和土地财政依赖度等 4 个分项指标构成，各分项指标的权重分别为 60％、20％、10％和 10％。各分项指标的具体定义如表 1-1 所示：

表 1-1 财政收入稳健指数分项指标构成

指标名称	指数方向	权重	指标类别	定义
1. 财政收入稳健指数		100％	方面指数	
1a 人均财政收入	正向	60％	分项指标	一般公共预算收入/人口（剔除价格因素）
1b 税收收入占比	正向	20％	分项指标	税收收入/一般公共预算收入
1c 大税占比	正向	10％	分项指标	（增值税＋企业所得税＋个人所得税＋营业税）/税收收入
1d 土地财政依赖度	负向	10％	分项指标	土地出让收入/一般公共预算收入

原始数据来源如下：土地出让收入来自《中国国土资源统计年鉴》以及各省份决算报告和预算执行情况报告，其余数据均来自《中国统计年鉴》。一般公共预算收入及各项税收口径均为地方政府本级。指标 1a 的人均财政收入，使用 GDP 价格平减指数折算为 2008 年不变价格，该指标可以反映各省财政收入总量的横向差距，也可以反映随着时间推移，各省财政收入的纵向提升程度。指标 1b～1d 均是财政收入的结构性指标。从财政收入的形式来看，财政收入可分为税收收入和非税收入。一般来说，非税收入的筹措依据的是行政性的规章制度，税收收入的筹措遵循的是税收法定原则，因此，税收收入占比（指标 1b）在一定程度上反映出财政收入体系的法治程度。不仅如此，国内增值税、国内营业税、企业所得税、个人所得税四大税种与实体经济的关联最为密切，四大税种筹措的税收收入比重（指标 1c），

也可以反映财政收入的质量。部分省份过去曾暴露出来的"财政收入数字造假"现象，实际上正是以政府收费和小税种的造假为主。以辽宁省 2015 年的"财政收入挤水分"为例，水分主要就体现为小税种和非税收入的收入。地方财政收入结构还体现为全口径下"四本预算"收入的结构。社保基金预算的收支具有独立性，我们将其编制为社会保障可持续性指数。国有资本经营预算收入数额非常小，可以忽略不计。政府性基金预算收入中八成以上是土地出让收入，因此我们使用土地出让收入与一般公共预算收入之比（1d）来衡量地方政府的土地财政依赖度。

1.1　财政收入稳健指数的平均趋势

本部分对 2008—2019 年地方财政收入稳健指数的平均变动趋势进行分析。

1.1.1　总指数的平均趋势

2008—2019 年，地方财政收入稳健指数整体呈现出上升趋势（见图 1-1），其中最主要的原因是人均财政收入的提高。然而近年来，随着经济增速放缓，以及大规模减税降费举措的实施，地方人均财政收入的增长速度放缓，财政收入稳健指数的上升趋势明显放缓；减税降费的举措更主要体现在增值税、个人所得税等大税种上，各地方税收收入占比、大税收入占比均呈现下降趋势，这也是总指标上升势头受阻的一大原因。总指标呈现出的波动性特征主要源于土地财政依赖程度的周期性变化。下文将说明：提升财政收入稳健程度，不仅仅需要经济增长进而带动财政收入量的增加，更需要优化财政收入结构，尤其是在减税降费的同时促进财政收入质的提升，以及保持地方财政收入的稳定性。

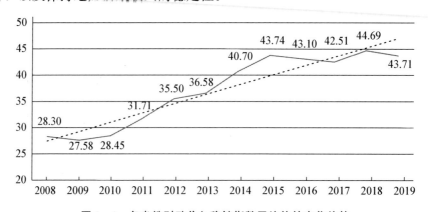

图 1-1　各省份财政收入稳健指数平均值的变化趋势

1.1.2　分指标的平均趋势

本小节分别描述人均财政收入、税收收入占比、大税占比、土地财政依赖度等4个分项指标在2008—2019年的变动情况。2008年和2019年，各项指标均发生的总体变化如表1－2所示。人均财政收入从0.25万元增长到0.70万元，这与我国经济基本面的经济增长相一致。与此同时，税收收入占比从76.8%下降到73.1%，大税占比从73.6%下降到61.4%，说明近年来减税力度大于降费力度，政府收入依赖于非税收入的程度进一步加重，况且近年来减税的主角是增值税、个人所得税和企业所得税，但是小税种鲜有减税。小税种的波动性较大，收入质量通常较低。

土地财政依赖度呈现出明显的周期性剧烈波动特征，其逐年波动与房地产市场波动具有高度关联性；同时房地产市场波动也会影响土地增值税、契税、房产税①等税种的税收收入，从而影响大税占比，因此房地产市场波动对地方财政收入稳健程度有较大影响。地方财政收入高度依赖于土地财政这一格局，加大了地方财政收入的波动性和脆弱性。受货币信贷政策、房地产调控等政策影响，房地产市场通常存在较大的波动性，由于土地出让收入与房地产市场具有高度关联性，房地产市场的高波动性将传导至土地出让收入的高波动性。单就每一个城市而言，土地出让收入波动率大，导致城市政府财政收入波动性大，加大了当地财政运行的风险，也客观上加重了地方债务问题。

2015—2019年，土地出让收入与一般公共预算收入之比从33.0%提高到了64.0%，除了土地出让收入自身的高增长之外，也与这一时期一般公共预算的减税降费有关。减税降费主要减少了地方一般公共预算收入，在地方支出压力不减而收入相对减少的情况下，地方政府转而寻求其他收入来源，特别是土地出让收入，以满足支出需要。

表1－2　2008年和2019年财政收入稳健指数分项指标对比

分项指标	2008年	2019年
人均财政收入（万元）	0.25	0.70
税收收入占比	76.8%	73.1%
大税占比	73.6%	61.4%
土地财政依赖度	34.4%	64.0%

分项指标的逐年变动更明显地反映出，总指标的上升来源于人均财政收入的增加，而另外3项分项指标都未反映出向好的发展态势（见图1－2至图1－5）。

---

①　目前我国虽未开征房产税，但曾将上海和重庆作为征收试点，且房地产市场的波动可通过房产税对地方财政收入产生影响，故此处将房产税包含在内。

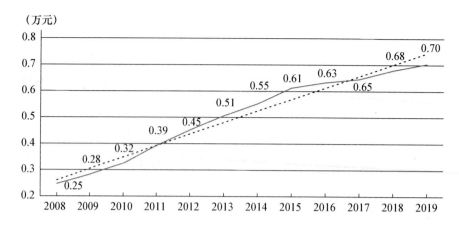

图 1-2　各省份人均财政收入平均值的变化趋势

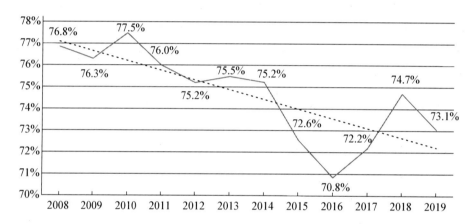

图 1-3　各省份税收收入占比平均值的变化趋势

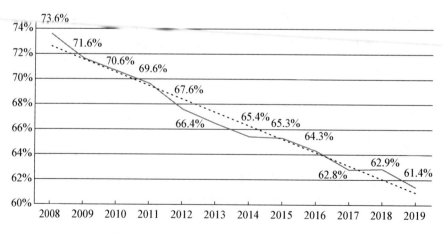

图 1-4　各省份大税占比平均值的变化趋势

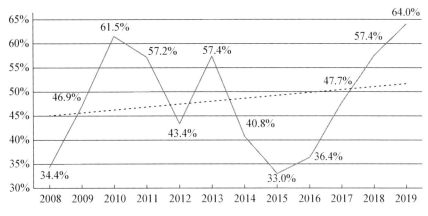

图 1-5　各省份土地财政依赖度平均值的变化趋势

1.2　财政收入稳健指数的省际比较

本部分分析 2019 年各省份的财政收入稳健指数截面数据，从人均财政收入、税收收入占比、大税占比、土地财政依赖度 4 个分项指标出发，对比不同省份的情况。

1.2.1　东中西部地区的对比

对比东中西部地区 2019 年财政收入稳健指数各分项指标，整体上看东部要明显好于中部和西部，而中部和西部差距较小。表 1-3 反映出，东部地区人均财政收入最高，为 1.14 万元，中部地区和西部地区人均财政收入平均为 0.45 万元和 0.48 万元。从税收收入占比和大税占比情况来看，东部地区在两个指标上都比中部和西部地区更高，显示东部地区具有更高的财政收入质量。总体上看，表 1-3 更直观地反映出，人均财政收入、税收收入占比、大税占比都与经济发展水平呈现正向关联。中西部地区不仅人均财政收入较低，同时税收收入占比、大税占比也较低，表明这些省份更加依赖于政府收费和小税种，财政收入质量较低。土地财政依赖度与经济发展水平之间不存在单调的关系，中部地区的土地财政依赖度在三个地区之中最高，但三个地区总体差异较小。

表 1-3　2019 年东中西部地区财政收入稳健指数分项指标对比

分项指标	东部地区	中部地区	西部地区
人均财政收入（万元）	1.14	0.45	0.48
税收收入占比	77.64%	71.73%	69.74%

续表

分项指标	东部地区	中部地区	西部地区
大税占比	64.49%	57.81%	61.01%
土地财政依赖度	64.76%	70.34%	59.04%

1.2.2 分项指标的省际对比

（1）人均财政收入。

人均财政收入是人均地方一般公共预算收入。如图1-6所示，2019年全国各省份人均财政收入最高的省份是上海，为2.40万元，排名前3的省份分别是上海、天津和北京，内蒙古紧随其后，人均财政收入最低的省份是甘肃，仅为0.30万元。各省份人均财政收入排序与人均GDP排序高度吻合。我国各省份人均财政收入的差异较大，但与此同时，各省份人均财政收入的差异比人均GDP的差异更大。比如上海的人均财政收入是甘肃的8倍，上海的人均GDP是甘肃的4.7倍。

（2）税收收入占比。

税收收入占比是指税收收入占一般公共预算收入的比重。2019年全国各省份税收收入占比最高的省份是上海，排名前3的省份分别是上海、浙江和江苏，北京紧随其后，税收收入占比最低的省份是宁夏。各省份差异比较大，上海的税收收入占比高达86.8%，而宁夏仅有63.2%。总体而言，各省份税收收入占比排名与经济发展水平排名具有正相关性，这反映出经济发展水平越高财政收入的法治化程度越高的特征。

（3）大税占比。

大税占比是增值税、企业所得税、个人所得税和营业税等四大税种占税收收入的比重。2019年大税占比最高的省份为西藏，上海和北京分别排在第2位和第3位，三者的大税占比均高于70%；海南大税占比最低，为49.5%。海南高度依赖于房地产业，与房地产相关的契税、房产税、土地增值税、耕地占用税等小税种贡献了较为可观的财政收入。中部的河南与湖南两省份大税占比也较低，反映出两省的税收收入结构有待优化。总体而言，各省份大税占比与经济发展水平之间具有正相关性，反映出经济发展水平越高税收收入质量越高的特征。

（4）土地财政依赖度。

土地财政依赖度是土地出让收入与一般公共预算收入之比。经济发展水平对土地财政依赖度存在两种对立力量的影响：一方面，经济发展水平较高的省份财政收入质量较高，地方政府更倾向于降低土地财政依赖度，以减少财政收入的波动风险；另一方面，经济发展水平较高的地区房地产市场更加发达，地方政府能够通过房地产市场获取更多的财政收入，因此这类地方政府更倾向于增加土地出让收入的依赖度。2019 年，土地财政依赖度最高的 3 个省份为浙江、安徽、江苏，其土地出让收入依赖程度均高于 95%；土地财政依赖度最低的省份分别为新疆、黑龙江、宁夏，三者数值近似为 20%。

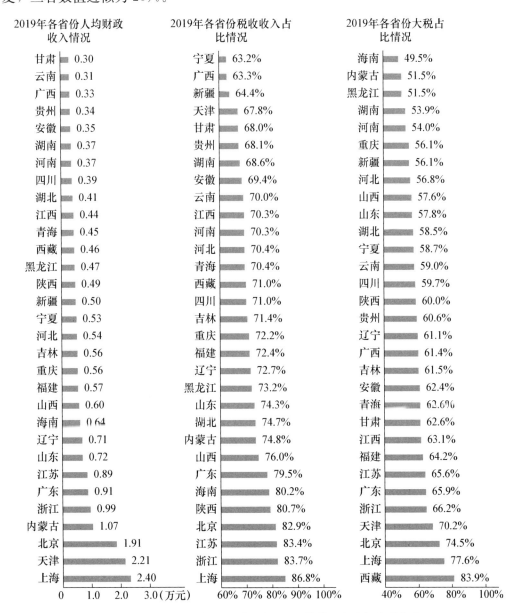

图 1-6　2019 年各省人均财政收入、税收收入占比与大税占比

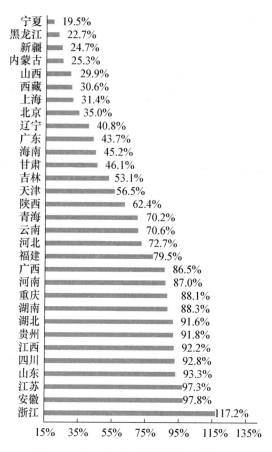

图 1-7　2019 年各省份土地财政依赖度

1.2.3　各省份总指数的排名

　　根据各省份的基础数据，使用指数化的方法得到了各省份 2019 年财政收入稳健指数情况，得分越高，代表财政收入越稳健。从图 1-8 中可以看出，财政收入稳健指数排在第 1 名的是上海，其次是天津和北京，这 3 个省份都位于经济发达的东部地区，财政收入稳健性较高也在预期之中。排在最后 3 名的是贵州、湖南和广西，这 3 个省份不仅人均财政收入较低，税收收入占比低、大税占比低进一步拖累了财政收入稳健指数。

　　2019 年与 2008 年相对比，各地区的财政收入稳健指数均有所提升，但增速呈现明显的差异性（见表 1-4）。总体来看，东部发达地区财政收入稳健指数增长较快，而中西部欠发达地区财政收入稳健指数增长较慢，财政收入稳健指数的地区差距有所扩大。从排名来看，财政收入稳健指数最高的省份与最低的省份排名均未出现大变动。经济欠发达地区与经济发达地区的差距不仅仅是绝对财力的差距，经济欠发达地区在提高财政收入质量上仍需继续努力。

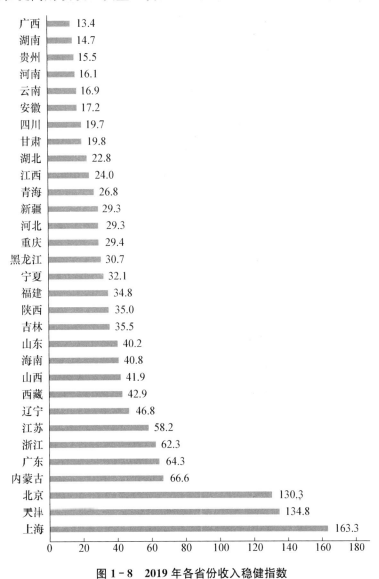

图 1－8　2019 年各省份收入稳健指数

表 1－4　2008 年和 2019 年各省份财政收入稳健指数和排名

排名	年份	省份	指数	年份	省份	指数
1	2008	上海	94.3	2019	上海	163.3
2		北京	90.2		天津	134.8
3		天津	48.9		北京	130.3
4		广东	43.4		内蒙古	66.6

续表

排名	年份	省份	指数	年份	省份	指数
5		浙江	42.7		广东	64.3
6		江苏	36.4		浙江	62.3
7		福建	32.0		江苏	58.2
8		山西	30.0		辽宁	46.8
9		新疆	28.4		西藏	42.9
10		青海	27.1		山西	41.9
11		宁夏	26.8		海南	40.8
12		辽宁	26.2		山东	40.2
13		内蒙古	26.2		吉林	35.5
14		陕西	24.5		陕西	35.0
15		河北	24.1		福建	34.8
16		山东	22.3		宁夏	32.1
17		黑龙江	21.2		黑龙江	30.7
18	2008	吉林	20.3	2019	重庆	29.4
19		海南	20.2		河北	29.3
20		云南	20.1		新疆	29.3
21		贵州	19.3		青海	26.8
22		湖北	18.7		江西	24.0
23		西藏	16.7		湖北	22.8
24		江西	16.3		甘肃	10.8
25		河南	16.2		四川	19.7
26		重庆	15.6		安徽	17.2
27		四川	15.0		云南	16.9
28		广西	14.1		河南	16.1
29		湖南	14.0		贵州	15.5
30		安徽	13.2		湖南	14.7
31		甘肃	13.0		广西	13.4

1.3 小结与政策建议

1.3.1 小结

从 2008 年至 2019 年，我国平均的财政收入稳健指数稳步提高，各省份的财政收入在数量和质量上都有提升。但问题依然存在，根据上文的分析，目前地方财政自有收入主要存在如下问题：其一，财政收入稳健指数的上升主要是因为地方财政收入绝对量的增长，但是在财政收入结构上并未出现明显的向好发展；其二，各个地区之间财政收入稳健水平差距较大，甚至地区间差距还有扩大趋势，实现不同地区财政收入质量的均衡发展还需继续努力。

1.3.2 减税降费对地方财政收入稳健带来的挑战

减税降费是我国深入推进供给侧结构性改革的一项重大举措，也是积极财政政策的重要组成部分。大规模减税举措，无疑对我国保持经济中高速增长，促进结构优化做出了重要贡献。但是，减税降费对我国地方财政收入稳健运行带来了巨大挑战：

首先，减税降费加剧了地方财政困难程度。持续扩大规模的减税降费政策分别从"减税"和"降费"两方面对地方财政产生了显著影响。第一，减税政策减的主要是增值税，而增值税是共享税（其收入在中央和地方之间五五分成），增值税减税额中地方政府少收了一半；如果再考虑到增值税附加税，地方政府减收幅度更大。第二，"降费"中的"费"可能有多种形式，如果仅就从财政角度界定的宽口径的"费"而言，可视为一般公共预算收入中的"非税收入"，而地方非税收入占全国非税收入比重在 80% 左右，故降费减少的主要也是地方政府收入。因此，总的来说减税降费会使地方政府相对短收，财政赤字增加。

其次，减税降费对地方财政收入结构也产生了不利影响。当前我国财政收入结构最突出的问题在于，税收占比较低，非税收入过高，大量财政收入以基金、费、土地出让收入等形式存在，减税降费进一步加剧了这一问题。第一，减税降费主要减少了地方一般公共预算收入。在地方支出压力不减而收入相对减少的情况下，地方政府转而寻求其他收入来源，特别是土地出让收入，以满足支出需要。第二，由于减税力度大于降费力度，近年来政府收入依赖于非税收入的程度进一步升高，这在一定程度上会相对弱化财政收入体系的法治程度。同时近年来减税的主角是增值税、个人所得税和企业所得税，但是小税种鲜有减税。小税种的波动性较大，收入质量通常较低。

再次，为应对减税降费带来的财政收支矛盾，近两年我国采取的"开源"举措主要包括盘活财政存量资金、从预算稳定基金调入、增加国有企业利润上缴、盘活各类国有资产（资源）。但财政各类"结余资金"及"调入资金"面临的最大问题是不可持续，近4年已经使用逾5亿元，未来可使用数额必然不乐观。同时，提高国企分红面临天花板。过高的利润上缴比率必然降低国有企业投资的积极性，影响国有资本保值增值。

最后，土地出让收入在未来很可能难以延续过去高增长的态势。主要原因有以下两点：第一，在坚持"房住不炒"房地产调控大背景下，房价高增长的时代难以再现。第二，我国城镇化率突破60％大关之后，城镇化速度会逐步放缓，对新增土地出让需求减少。

1.3.3 减税降费背景下提高财政收入稳健性的政策建议

提高地方财政收入质量，其中最关键的是提高经济发展水平较低地区的财政收入质量。这主要涉及三方面：

第一，加快完善地方税体系，为地方政府建立稳定的收入来源。地方税建设上，体现受益性和激励相容原则。地方税与地方政府积极性发挥有着密切关系，当前人民对经济增长的追求已逐步让位于良好公共服务、参与公共治理的需求，地方税体系应该有利于激励地方政府回应地方需求，提高地方政府提供优质教育、医疗卫生、环境保护等公共服务的积极性。受益税按受益范围划分可分为房地产税、零售税、个人所得税等。我们认为应该构建多支柱的地方税体系：首先，房地产税是一种优良的地方税。在房地产税改革上，我们认为目前步调过慢，应该加快推进房地产税立法并稳步实施。其次，应该将增值税收入的25％部分由按生产地原则改为按消费地原则分享，从而更好地体现税收受益性。

第二，优化转移支付结构，促进激励与平衡之间的协调统一。近年来，我国转移支付体制改革的基本思路是"以推进地区间基本公共服务均等化为主要目标，以一般性转移支付为主体，完善一般性转移支付增长机制，清理、整合、规范专项转移支付"。进一步控制专项转移支付规模，清理、整合专项转移支付项目，加大对中西部地区和民生领域的倾斜力度，进一步完善资金分配方法，提高资金分配的透明性和科学性，充分发挥专项转移支付的政策导向作用和财力均等化作用。但是，在提高一般性转移支付比重的过程中，应在实现财力均等化所带来公平的同时兼顾效率，防止一般性转移支付比重增长过快、均等化程度过高导致地方政府发展经济的努力出现下降，防止欠发达地区对一般性转移支付的过度依赖。而且，应该出台相关配套措施，对地方政府使用一般性转移支付资金建立激励、约束和监督机制。同时，采取激励相容、奖补结合的方式调动地方政府的积极性和主动性，对市县超额完成的税收收入，可以通过转移支付的形式给予一定比例的奖励性返还。

第三，进一步加大降费力度。在当前财政吃紧的情况下，应防止地方以非税收入的非正常增长来弥补税收增长的不足，因此需要正税清费，优化财政收入结构，营造公平的税费负担环境。建立对地方政府收费的长期约束机制，防止一些政府收费项目在运动式清理之后又死灰复燃。

第二章　财政支出优化指数

本部分对地方财政支出优化指数进行介绍，该指数由 8 个分项指标构成，包括人均财政支出，以及教育支出、医疗支出、社会保障支出、科技支出、环保支出、行政管理支出、财政投资性支出等 7 项支出占比。分项指标的定义及权重见表 2-1：

表 2-1　财政支出优化指数分项指标构成一览表

指标名称	指数方向	权重	指标类别	定义
2. 财政支出优化指数		100%	方面指数	
2a 人均财政支出	正向	20%	分项指标	一般公共预算支出/人口（剔除价格因素）
2b 教育支出占比	正向	15%	分项指标	教育支出/一般公共预算支出
2c 医疗支出占比	正向	15%	分项指标	医疗支出/一般公共预算支出
2d 社会保障支出占比	正向	10%	分项指标	就业和社会保障支出/一般公共预算支出
2e 科技支出占比	正向	10%	分项指标	科技支出/一般公共预算支出
2f 环保支出占比	正向	10%	分项指标	节能环保支出/一般公共预算支出
2g 行政管理支出占比	负向	10%	分项指标	一般公共服务支出/一般公共预算支出
2h 财政投资性支出占比	负向	10%	分项指标	固定资产投资资金来源中的"国家预算资金"/一般公共预算支出

原始数据均来自历年《中国统计年鉴》。一般公共预算支出及具体各项支出口径均为地方政府本级。分项指标 2a 代表人均财政支出，使用 GDP 价格平减指数折算为 2008 年不变价格，可以反映支出总量的提升。其余指标均是财政支出结构性指标。其中，2b、2c 和 2d 代表的是以教育、医疗和社会保障支出为典型代表的民生性财政支出占比。政府在科技方面的投入是促进科技创新、补短板的重要推力，分项指标 2e 是科技支出占比。"绿色经济"概念的盛行是构建生态文明、建设美丽中国、确保长期可持续发展追求的体现，因此环保支出占比 2f 也是财政支出结构中的重要组成部分。以上指标均为正向指标，政府的该类支出在财政支出中的占比越高，分项指标的得分就越高。除此以外，2g 和 2h 是负向指标，该类支出在财政支出中的占比支

出越高,其得分就越低。2007 年我国财政支出分类方式改革后,行政管理费这一支出门类已经取消。在现行的分类方式中,一般公共服务支出是行政管理费的主体部分①。除此之外,在教育、医疗、就业与社会保障等门类当中,也包含少量的相关行政机关的行政管理费。但是由于数据的可得性限制,我们用一般公共服务支出占比反映行政管理支出占比(分项指标 2g)。分项指标 2h 衡量的是财政投资性支出倾向,理论上来讲,分子固定资产投资资金来源中的"国家预算资金"包含了一般公共预算、政府性基金预算、国有资本经营预算等三本账上的资金,分母不应使用一般公共预算支出,应使用全口径的地方财政支出。但是由于一般公共预算支出这一分母的跨时间稳定性更高,分母选用一般公共预算支出能够更好地反映出财政资金的投资倾向。

2.1　财政支出优化指数的平均趋势

2.1.1　总指数的平均趋势

图 2-1 显示,2008—2019 年我国财政支出优化指数呈现稳步上升态势,从 2008 年的 41.19 分增长至 2019 年的 75.63 分。从增长速度来看,除 2013—2015 年出现了较快的增长以外,其余年份的增速基本保持稳定。财政支出优化指数的上升,除了体现经济增长状况良好以外,更说明了我国的财政支出结构正在不断优化,教育、医疗等民生性支出以及科技、环保等正向指标的占比不断扩大,而行政管理以及财政投资性支出的比重逐渐下降,财政支出职能的发挥正在逐步适应社会与经济发展的需求,侧面说明了我国财政支出效率的提高。

2.1.2　分项指标的平均趋势

虽然财政支出优化的总指数呈现稳步上升趋势,但分项指标在 2008—2019 年的变动趋势却呈现了不同的特点。各类分项指标的平均变动趋势呈现在图 2-2 至图 2-6 中。总体而言,我国财政支出的人均规模不断扩大,教育、医疗、社会保障等民生性支出占比逐步提升至近 40%;科技与环保支出占比虽有小幅提升,但总体占比依旧很小;行政管理支出显著减少,逐渐稳定在 8%~9%,"吃饭财政"的

---

①　一般公共服务支出包括人大事务、政协事务、政府办公厅(室)及相关机构事务、发展与改革事务、统计信息事务、财政事务、税收事务、审计事务、海关事务、人力资源事务、纪检监察事务、商贸事务、知识产权事务、民族事务、港澳台事务、档案事务、民主党派及工商联事务、群众团体事务、党委办公厅(室)及相关机构事务、组织事务、宣传事务、统战事务、对外联络事务、其他共产党事务、网络事务、市场监督管理事务以及其他一般公共服务支出。

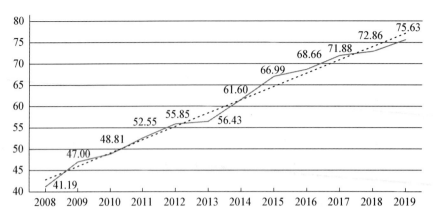

图 2-1　2008—2019 年各省份财政支出优化指数平均值的变动趋势

问题得到了缓解；财政投资性支出占比也呈现了一个先升后降的趋势，"建设财政"正逐步向"民生财政"转变，但仍需进一步优化。具体分项指标的变动情况如下：

图 2-2 绘制了人均财政支出在 2008—2019 年的平均变动趋势。与总指数变动趋势类似，人均财政支出也呈现了几乎"线性"的平稳的增长趋势，从 2008 年人均 0.48 万元增长到 2019 年的人均 1.62 万元，增长了近 237.5%。这一方面体现了我国经济的快速增长，另一方面也体现了我国财政支出规模的不断扩大，我国各级地方政府提供公共服务的能力不断增强。

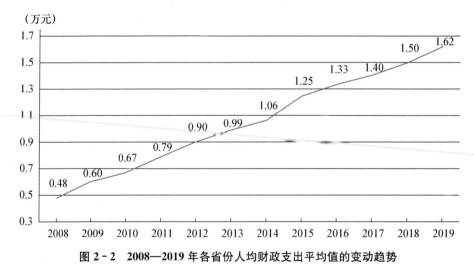

图 2-2　2008—2019 年各省份人均财政支出平均值的变动趋势

作为财政履行社会职能的重要方面，满足社会公共需求、保障民生、提升居民总体福利的财政民生性支出愈加受到政府重视。地方政府更是承担了大部分保障民生的事权与支出责任。教育、医疗与社会保障支出总的支出变动情况呈现在图 2-3 中，柱状图体现了三类支出的总占比，可以看出，民生性支出占比经历了 2008—2010 年的下降趋势，这可能是因为世界金融危机后国家财政需要一段时间来逐步恢复。2011 年开始后民生性支出占比逐步上升至 2017 年的 37.98%，2017 年后逐步稳定在 37%～38% 之间。

虽然民生性支出总体呈现上升趋势，但教育、医疗与社会保障支出三者之间存在着互补的变动趋势。2012 年之前，教育支出占比逐渐升高，而医疗与社会保障支出的占比相对降低。但在 2012 年之后，社会保障支出比重小幅提升，教育支出却表现出下降趋势，医疗支出占比变化不显著。这在一定程度上体现出地方政府在承担保障民生的事权和支出责任时，可能存在着财力困难问题。

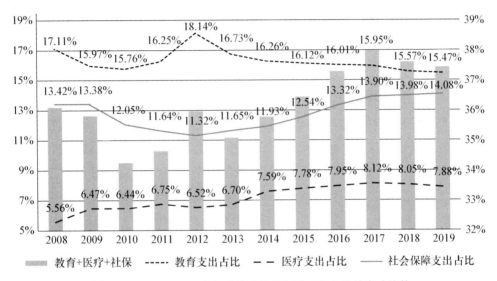

图 2-3　2008—2019 年各省份民生性财政支出占比的变动趋势

注：民生性财政支出包含教育、医疗以及社会保障支出。

2012 年，义务教育、高等教育、职业教育以及学生资助的财政支持教育政策不断出台，教育支出比重达到峰值，此后逐步减少。而医疗支出比重的增长趋势基本稳定。对于社会保障支出而言，2009—2012 年其所占支出比重逐步下降，此后经过不断改革，社会保障支出又逐渐恢复到 2008 年的水平，稳定在 13%～15% 之间。

图 2-4 表现了科技支出所占比重在 2008—2019 年的变动情况，除部分时间出现小幅下降外，科技支出主要表现出增长趋势，但比重的绝对量却不是很高，最高仅占 2.35%，与发达国家支出比重相比，我国财政对科技进步的扶持还有待加强。

我国的环保支出占比变动情况也表现在图 2-4 中，所占比重主要在 2%～4% 之间波动，不仅比重较低，而且呈现出增加与减少来回变动的剧烈波动状况。这在一定程度上反映出我国在环境治理方面存在缺乏持久性、费用调整频繁等问题，这一现象可能与地方政府资金不足有关。

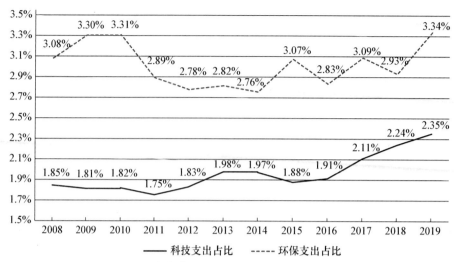

图 2 - 4 2008—2019 年各省份平均科技支出与环保支出占比的变动趋势

近年来，我国针对各级政府的行政管理费用支出进行了严格的改革与管理，例如减少"三公经费"支出、加强预算管理、增加预算约束、强化监督机制等，改革成效显著（见图 2 - 5）。2008—2019 年，我国行政管理支出基本呈持续下降趋势，从 15.25％下降至 8.73％，几乎减少了一半。这一成效节约了我国大量的财政资金，为增加其他方面的财政支出提供了空间，逐步改善了"吃饭财政"的不良状况。

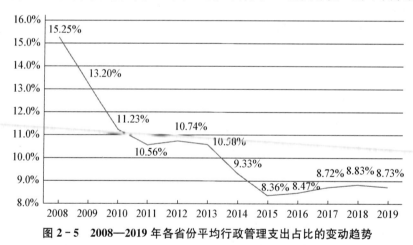

图 2 - 5 2008—2019 年各省份平均行政管理支出占比的变动趋势

图 2 - 6 呈现了 2008—2019 年财政投资性支出占比的变动情况，我们选用固定资产投资资金来源中的"国家预算资金"的部分作为财政投资支出的度量。我国财政投资性支出占一般公共预算支出的比重由 2011 年的 17.64％上升到 2016 年的 25.36％，此后又逐步下降到 2019 年的 20.71％，这一过程可以在一定程度上反映出我国地方财政正在从"吃饭财政"转变为"发展财政"，继而逐步向"民生财政"转变，从而更好地发挥财政支出的社会职能。

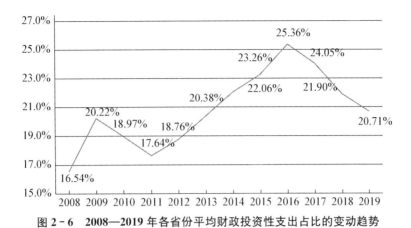

图 2 - 6　2008—2019 年各省份平均财政投资性支出占比的变动趋势

2.2　财政支出结构指数的省际比较

2.2.1　东中西部地区的对比

从 2019 年东中西部各项财政支出所占比重的对比情况看（见图 2 - 7），东中西部地区财政支出结构存在显著差异。西部地区政府财政投资性支出占比最高，达到了 21.93%，且远远超出中部和东部地区，这与西部地区经济发展落后，基础设施等投资建设性支出亟须增加的状况相符合。东部地区的支出结构较为合理，民生性支出（教育、医疗和社会保障支出）占到 38.26%。中部地区的社会保障支出占比超过了西部与东部地区，占到了 14.92%，其余支出的分布结构与东部地区类似。

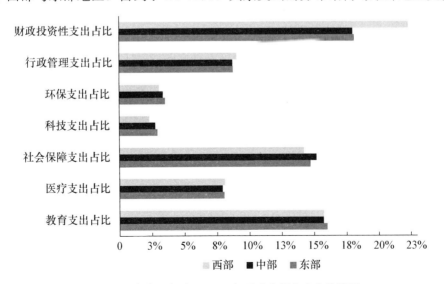

图 2 - 7　东中西部地区 2019 年财政分项支出占比情况

2.2.2 分项指标的省际对比

1. 人均财政支出分省排名

图 2-8 反映了 2019 年各省份人均财政支出情况。结合省份所属经济带以及省份经济状况可以看出，安徽的人均财政支出最低，人均仅 0.82 万元，排名前 3 的省份依次为西藏、天津、青海。我国人均财政支出呈现出西部经济较落后地区与东部经济较发达地区人均财政支出均偏高，而中部大部分省份人均财政支出较低的分布趋势。由于我国西部地区人口分布呈现出密度较低的特点，公共服务与管理的成本相对较高，因此人均财政支出份额较高。

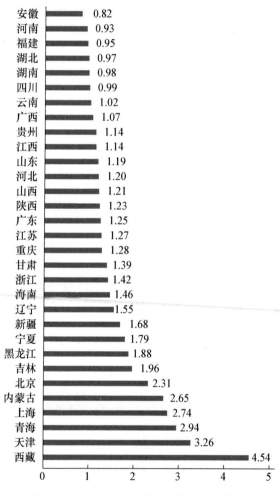

图 2-8 2019 年各省份人均财政支出情况

注：人均财政支出的单位为万元/人。

2. 教育、医疗和社会保障支出占比分省排名

2019 年各省份教育、医疗和社会保障财政支出占比情况如图 2-9 所示，其中教育支出占财政支出比重最高的省份依次是山东、福建和河北，比重均超过了 18%，教育支出比重最低的是黑龙江，仅有 11.08%；医疗支出中，天津、西藏和新疆支出比重较低，上海的医疗支出占比也较低，最高的是江西，占到了财政支出的 9.86%；在社会保障支出中，东北三省以及川渝地区支出的占比最高，最高占比超过 25%。东北三省作为老工业基地，众多离退休人员以及下岗职工的社会保障负担较为沉重，因此社会保障支出占比较高也符合实情。

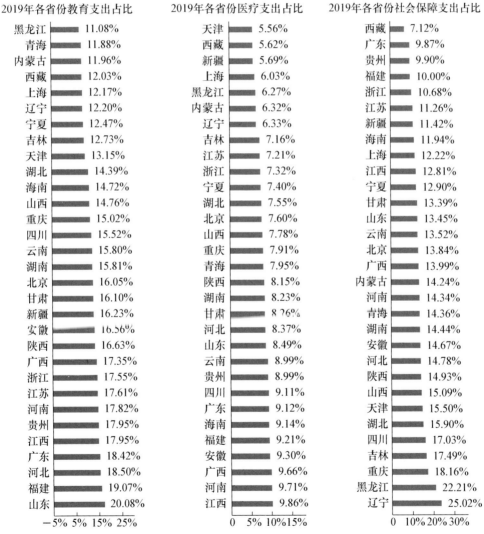

图 2-9 2019 年各省份教育、医疗、社会保障财政支出占比

3. 科技支出占比分省份排名

各省份政府对科技发展的重视程度以及资金的投入水平与当地经济状况直接相关，人均 GDP 较高的省份既有进一步发展科技的需求，也有投资科技发展的财力。因此，我国省级政府对科技的财政支出比重与人均 GDP 呈显著的正向相关关系。

4. 环保支出占比排名

2019 年，我国省级地方政府环保支出占比与经济发展水平之间没有非常显著的正向关联。如北京、天津、河北、山西、黑龙江等北方以及传统工业省份的环保支出占比较高，占财政支出的 4%～6%，而海南、新疆、西藏、广西等省份的环保支出占比却较低，这可能是由于这些省份的环境维护成本较低。

5. 行政管理支出占比排名

2019 年我国各省份行政管理支出的费用较之前普遍有所下降，但西藏、河南、广东、湖南和广西支出比重位列前 5，占财政支出比重超过了 10%（见图 2 - 10），而上海占比最低，仅有 4.46%。行政管理费用的支出比重一方面与地方政府的行政效率有关，另一方面也与地区人口的多少、行政管理事务的复杂程度等多种因素有关。

6. 财政投资性支出占比排名

2019 年，以固定资产投资资金来源中的"国家预算资金"为代表的财政投资性支出占财政支出比重最大的省份是青海，达到了 72.18%，远超其他省份，几乎是占比最低的辽宁的 15 倍，大幅超过第 2 名福建支出占比的 41.13%（见图 2 - 10）。江苏、天津、辽宁的财政投资性支出占比较低，均低于 8%。

2.2.3 各省份财政支出优化指数排名

图 2 - 11 反映了 2019 年中国各省份财政支出优化指数由高到低的排列。不同地区经济发展的阶段不同，财政支出的侧重点也不同，因此指数的大小以及变动情况不仅反映出了政府的支出结构和支出职能，更体现了地区的经济与社会发展情况。2008 年与 2019 年各省份的财政支出优化指数排名及具体得分情况如表 2 - 2 所示。

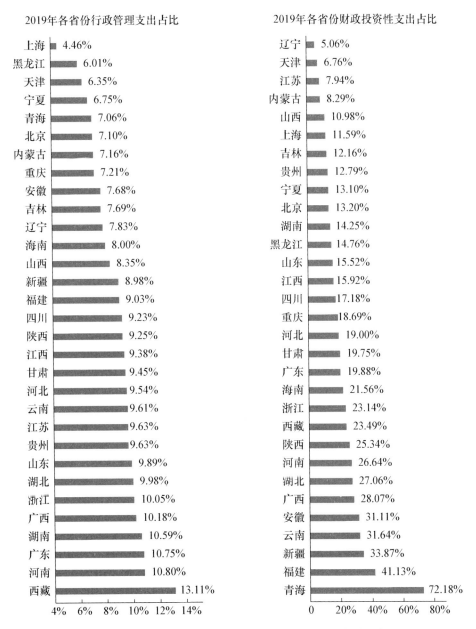

图 2-10　2019 年各省份行政管理支出占比与财政投资性支出占比

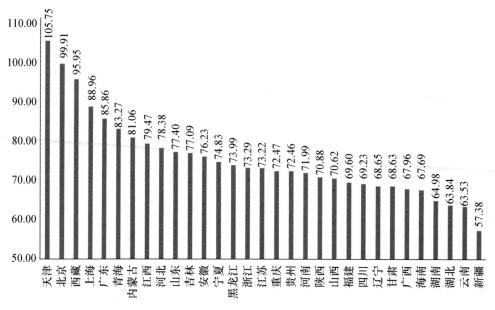

图 2-11　2019 年各省份财政支出优化指数

表 2-2　2008 年和 2019 年各省份财政支出优化指数和排名

排名	年份	省份	指数	年份	省份	指数
1	2008	北京	69.46	2019	天津	105.75
2		上海	55.85		北京	99.91
3		甘肃	49.45		西藏	95.95
4		青海	47.07		上海	88.96
5		河北	46.91		广东	85.86
6		浙江	46.28		青海	83.27
7		贵州	46.05		内蒙古	81.06
8		云南	45.78		江西	79.47
9		宁夏	45.27		河北	78.38
10		天津	44.98		山东	77.40
11		山西	44.16		吉林	77.09
12		河南	43.59		安徽	76.23
13		陕西	42.10		宁夏	74.83
14		安徽	41.80		黑龙江	73.99
15		重庆	41.42		浙江	73.29

续表

排名	年份	省份	指数	年份	省份	指数
16		吉林	40.20		江苏	73.22
17		广东	38.79		重庆	72.47
18		福建	38.41		贵州	72.46
19		江西	37.60		河南	71.99
20		山东	37.43		陕西	70.88
21		新疆	37.14		山西	70.62
22		江苏	36.92		福建	69.60
23	2008	湖北	36.32	2019	四川	69.23
24		广西	36.17		辽宁	68.65
25		黑龙江	35.29		甘肃	68.63
26		内蒙古	35.05		广西	67.96
27		辽宁	34.57		海南	67.69
28		湖南	34.29		湖南	64.98
29		海南	32.39		湖北	63.84
30		四川	31.56		云南	63.53
31		西藏	24.63		新疆	57.38

就横向截面来看，2008 年北京与上海财政支出优化指数远远高于其他省份，而西藏财政支出优化指数最低，仅有 24.63 分，其他省份主要分布在 24～70 分区间内，与 41.89 的平均得分差距不大。2019 年天津财政支出优化指数超过了北京与上海，成为得分最高的省份，西藏从 2008 年得分最低跃升为第 3 名，这与西藏超高的人均财政支出有关。以 2008 年为基年，2019 年排名前 5 的省份财政优化指数得分都超过了 85 分，云南和新疆的财政支出优化指数最低，但也增长到了 55 分以上。2019 年平均财政支出优化指数达到了 75.63 分。

就纵向序列来看，2008 年与 2019 年的财政优化指数排名变动显著，除西藏、甘肃、云南、广东、内蒙古、江西等省份的排名位置发生了较大波动以外，其余省份的相对排列顺序也有所变动。各个省份的财政支出优化指数都有了很大程度的增加，其中西藏、内蒙古、江西、青海、天津和广东等地的增长幅度超过一倍。反映出我国经济的快速发展以及财政支出结构的逐步优化。

2.3 小结与政策建议

2.3.1 小结

总体上来看，我国近几年的地方政府财政支出结构得到了明显优化。行政管理支出占比显著下降，且稳定在一个较低水平，"吃饭财政"的情况大为改观，为经济建设和改善民生福利提供了财力空间。教育、医疗和社会保障这三类民生支出的比重稳步提升，社会保障支出比重明显提高。科技支出虽有所提升，但比重依旧偏低，有待进一步提高。环保支出的稳定性较差，资金供给不足的问题依然存在，"绿色财政"推行不畅。财政投资性支出的比重在近几年有了显著的下降趋势，"建设财政"的色彩逐渐减弱，我国总体的财政支出结构正在积极地向扶持民生、提高居民总体福利方向发展。

横向来看，我国东中西部地区之间的财政支出结构存在一定的差异，但区域差异并不特别明显，西部地区的财政投资性支出占比较高，而民生性支出偏低，不利于居民福利的提升，东部地区的财政支出结构则更为合理。与之相反，省份之间的支出结构差异却很显著，各省份在民生性、财政投资性、科技、环保以及行政管理方面的支出比重差别很大，体现了不同地区的经济与社会现状以及发展需求。

纵向来看，一些经济较为发达的省份正积极地调整自身财政支出结构，财政支出优化指数获得了大幅增长，但省份之间相对的指数得分顺序没有太大的变动，保持相对稳定，说明结构的调整需要长期不断地尝试和努力。

2.3.2 优化财政支出结构的方向

结合财政支出优化指数分析结果，本报告提出以下几条建议：

第一，近年来，在大规模减税降费举措下，财政收支矛盾加剧，财政支出节流力度加大，尤其是压缩行政管理费用取得了很大的成效。尽管一般性支出的压缩空间日益缩小，但是我们认为严控一般性支出增长，严控"三公"经费预算，取消低效无效支出应该久久为功、毫不松懈，防止一般性支出的反弹。部分省份的行政管理支出比重仍然较高，应该继续淡化"吃饭财政"的色彩，应该继续压缩以"三公"经费为代表的行政管理经费，将更多的财政资金用于改善和保障民生。要加强部门预算执行约束力，确保把钱用在刀刃上。同时，也应精简政府机构，尤其是各级地方政府不一定非要一一对应中央政府的机构设置。

第二，我国政府在中长期之内，还存在大量无法缩减的刚性支出，主要表现在以下两个方面：一是促进社会公平、保障基本民生的财政支出要只增不减。例如近年来强化脱贫攻坚投入、乡村振兴、社会保障等重点领域支出保障，2019 年中央财政补助地方专项扶贫资金 1 261 亿元，增长 18.9％，2019 年政府社会保障和就业支出 29 379 亿元，比上年增长 8.8％。2020 年已出台延长大龄失业人员领取失业保险金期限、阶段性实施失业补助金、提高价格临时补贴标准等失业人员帮扶措施，将进一步增加失业保险支出。二是我国人口老龄化程度持续加深，医疗保障与养老金可持续性面对较大压力。2019 年中国 65 岁以上人口为 17 603 万人，占到总人口的 12.6％，这一比重在未来 20 年仍会持续走高，财政支出需为应对老龄化预留政策空间。

第三，我国地方政府的科技投入比例依然较低，有待进一步提高。民生性支出的比重有所提高，但仍需进一步改善和提高。环保支出的比重也有待逐步稳定，发展可持续的"绿色财政"。

第四，对于西部地区过高的财政投资性支出以及人均财政支出，要进行进一步的效益评估，防止过度投资与重复建设，也防止因投资而出现过高的债务负担，带来风险与危机。应该注意的是，相当多的基建投资支出并不反映在财政账本当中，而是反映为地方城投公司的企业投资，但是由于是地方政府主导建设，且很多缺乏盈利性，由此形成了地方隐性债务问题。我们建议，基建投资项目在上马前进行严格的成本收益测算，防止过度投资，防止过于超前的投资。在人口聚集的城市群，教育、医疗、轨道交通等基础设施短缺问题严重，因此，在这些地区要加大投资规模。而对于人口流出地区，基建需求相对较弱，要严格审核投资项目，避免资金浪费。

2.3.3　优化财政支出结构的制度基础

在优化财政支出结构上，还应该加大力度推进财政体制的若干基础性改革，具体而言，应该推进如下几个方面的改革：

首先，完善预算管理是提高财政支出效率，保证支出结构性"节流"的重要制度保证。从更大的意义上，预算管理制度现代化是实现国家治理现代化的根基。党的十九大报告赋予了现代预算制度"全面规范透明、标准科学、约束有力"三项基础性标准。我们认为，当前加强预算管理应该着力于以下几个方面：（1）进一步细化预算收支分类体系。从各省份公布的预算草案报告来看，预算支出明细项目尚未得到有效公开，财政预算中"其他支出"所占比重较大。（2）全面实施预算绩效管理，形成"以结果为导向的绩效评价体系"，倒逼财政部门、预算部门和单位提高资金使用效益，将不该花的钱省下来。（3）严格实施零基预算制度，避免一些支出项目与 GDP 或财政收支总数增长率简单挂钩，更多体现零基预算思想，将每一分钱用在刀刃上。

第二，完善自上而下的财政监督机制。上级政府应该加强对基层政府财政资金使用的监督，更好地发挥审计作用，建立资金违规使用责任追究制度，制定基本公共服务提供的最低标准并加以考核。继续完善国库集中支付、集中采购制度、收支两条线等制度，有效实现"财权入笼"。特别是对于欠发达地区而言，越到基层政府，事权、支出责任与自主财力不匹配越严重，基层财力很大幅度上依靠上级转移支付，此时过分强调通过分权加强激励，反而可能导致激励失灵。通过分权给予基层过多的资源，而不加以监督和约束，可能导致更多的资源浪费。反而是，通过适度的财政集权（例如"乡财县管"制度），加强自上而下的财政管理与监督，有助于改善公共服务和政府治理水平。

第三，进一步明确中央与地方政府财政事权与支出责任的划分，合理安排地方政府财政支出结构。地方政府是承担财政支出责任、履行财政支出职能的重要单位，中央与地方之间财政支出的合理划分，能有效避免支出的重复与低效，中央政府对地方政府的统筹与协调，更有利于推进地方政府支出结构的合理化。近年来，优化中央与地方事权和支出责任划分的改革逐步加快，目前已经取得了积极的进展，但是未来仍然有很长的路要走。特别是目前改革仅仅触及了财政事权，还未触及非财政事权。按照国发〔2016〕49 号文的定义，"财政事权是一级政府应承担的运用财政资金提供基本公共服务的任务和职责"。财政事权是政府事权的一部分，一级政府在提供某项基本公共服务时，除了大量运用财政资金履行财政事权外，也可以不通过大量运用财政资金履行非财政事权。例如一级政府可以通过监管，制定市场经济的游戏规则，从而达到对市场干预和提供公共服务的目标。政府的非财政事权与财政事权交织在一起、难以分割，提供公共服务通常需要财政事权和非财政事权紧密协作。因此，改革不仅需要考虑财政事权的划分，还需要将非财政事权的划分一起进行考虑。事权与支出责任划分的优化，也需要政府间行政管理体制的配套改革。下一阶段，各级政府根据事权属性，通过本级政府的机构队伍，实行实体化方式直接承担事权，而不是通过层层发文件的机关化方式把本该由自己执行的事权交给下级政府。垂直管理和地方分级管理两种体制的优化，与事权与支出责任划分的优化，需要进行协同改革。最后，需要逐步建立事权与支出责任划分的法治化体系，提供完备的法律规范体系、高效的法治实施体系、严密的法治监督体系作为支撑。

第四，结合事权与支出责任划分的改革进展，进一步优化转移支付结构，建立科学合理的资金分配模式。在确定中央与地方各自承担的财政事权与支出责任后，确定一般性转移支付、专项转移支付与共同事权转移支付的比例结构。应根据东中西部地区财力差异状况、各项基本公共服务的属性，规范基本公共服务共同财政事权的支出责任分担方式，同时合理制定基本公共服务保障基础标准及其动态调整完善机制。

第五，进一步加强市场在配置资源中的决定性作用，减少政府对市场的过多干预。财政的功能定位正在逐步确立为提供公共服务，但是仍然存在很多"越位"现象。政府和其下属的众多国有企业、事业单位承担了本应由市场和民间承担的责任，也成为财政支出的一项重要负担。当前我国政府直接干预市场和微观企业的行为仍然较多，在项目审批上环节过多，同样增加了政府的财政支出负担。

优化财政支出结构的一个重要方向是，发挥市场在资源配置中的决定性作用，合理确定政府与市场的边界。（1）要引导鼓励私人进入某些传统的公共服务领域，减少政府在很多支出项目上的直接负担。例如，在高等教育、医疗、文化、体育、传媒等领域，应该鼓励民间资本进入。有些事业单位可以考虑走向市场。在基础设施和市政公用事业设施上，应支持民间资本以 PPP 等模式参与建设。（2）应进一步深化"放管服"改革，充分实现"简政放权"，取消下放行政审批等事项，确立企业投资主体地位，政府对企业投资仅集中于必要性的监管，例如确立节能节地节水、环境、技术、安全等方面的市场准入标准。（3）减少地方政府各类隐性补贴。我国目前财政补贴项目名目繁多，数额较大，不仅扩大了财政支出规模，而且还有损于公平竞争，造成资源配置低效率。一些地方政府大量采用财政直补、融资便利、要素（低价土地等）支持等直接或间接补贴方式，以实现招商引资、上项目、发展产业的目的。部分资金用于扶持本地产业发展，以补贴之名行保护本地企业、阻碍公平竞争之实。这些行为都阻碍了全国统一市场的形成，不利于发挥市场在资源配置中的决定性作用。地方政府需加强财政补贴审批制度性建设，公开透明申报名单和审批负责人，接受大众监督。强化产业政策退出机制，使得产业补贴只起到产业发展风向标的作用，而非窃取公共利益之源。政府利用补贴手段引导经济发展的同时，严格遵守财政纪律的底线。

第三章 债务可持续指数

本部分介绍地方债务可持续指数，该指数由显性债务率、隐性债务率和广义债务率 3 个指标构成。债务可持续指数分项指标的具体说明如表 3-1 所示：

表 3-1 债务可持续指数分项指标构成一览表

指标名称	指数方向	权重	指标类别	定义
3. 债务可持续指数		100%	方面指数	
3a 显性债务率	负向	50%	分项指标	地方政府一般债券与专项债券余额之和/GDP
3b 隐性债务率	负向	20%	分项指标	地方城投公司的有息债务余额/GDP
3c 广义债务率	负向	30%	分项指标	显性债务率+隐性债务率

债务可持续指数的 3 个分项指标均是存量指标，从三个不同的层次反映了地方政府债务风险。显性债务率以地方政府债券余额为分子、地方政府的经济实力（GDP）为分母计算得出。2015 年后中央开始允许地方政府自行发行债券，这部分称为"地方政府债务"，包括一般债券和专项债券，实际上是狭义的、显性的地方政府债务，该指标反映的是地方政府负有偿还责任的负债水平。由于财政部自 2016 年起公开地方政府债务数据，该指标在 2015 年及之前空缺。除显性债务外，各地方政府还会在法定政府债务限额之外直接或承诺以财政资金偿还等方式举措债务，这部分债务被称为隐性债务，在本报告中使用地方城投公司的有息债务余额来衡量，并以该余额为分子、GDP 为分母计算得到各地方政府的隐性债务率。最后，将显性债务率和隐性债务率加总得到债务可持续指数的第 3 个分项指标——广义债务率，由于 2015 年及之前显性债务率的缺失，该指标从 2016 年起开始统计。

上述 3 个指标均为负向指标，债务率越高，说明该地方政府的债务可持续性越差，债务可持续指数就越低。债务可持续指数总分为 100，3 个指标的权重分别占 50％、20％和 30％。由于显性债务率和广义债务率从 2016 年起才可获取，因此本部分指数计算以 2016 年为基期；为了使指数保持相对稳定，在 2015 年及之前将隐性债务率的比重调整至 100％。

债务可持续指数的数据来源如下：地方政府债券余额数据来自财政部网站，地方城投公司的有息债务余额来自 Wind 数据库，其余数据来自《中国统计年鉴》。

3.1　债务可持续指数的平均趋势

3.1.1　总指数的平均趋势

2008—2019 年，我国债务可持续指数整体呈下降趋势，从 2008 年的 99.8 下降至 2019 年的 66.5。除 2011 年债务可持续指数同前一年相比基本持平外，其余年份均有不同程度的下降，尤其是 2009 年、2014 年和 2015 年，债务可持续指数下降数值均超过 5。2016 年及之后债务可持续指数的下降速度有所放缓。债务可持续指数的不断下降，说明我国地方政府所面临的债务风险不断升高，债务的可持续性不断降低。

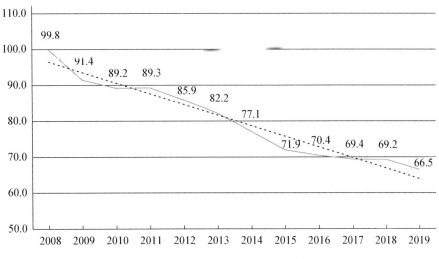

图 3-1　2008—2019 年各省份债务可持续指数平均值的变动趋势

3.1.2 分项指标的平均趋势

图 3-2 是 2008—2019 年 31 个省、自治区和直辖市平均债务率的变化趋势图。从图 3-2 可以看出，2008—2019 年间各省份平均隐性债务率总体呈上升趋势，从13.27%增长至 44.45%。各省份平均隐性债务率在 2009 年上升最为明显，同前一年相比上升了 8.34 个百分点，自 2011 年起各省份平均隐性债务率呈现出稳步上升的趋势，在 2017 年达到最高值 45.96%。2017 年后各省份平均隐性债务率有所回落，但仍保持在较高的水平。2016—2019 年各省份平均显性债务率呈稳步上升趋势，在 2019 年达到最高值 28.39%，其中 2019 年的上升趋势最为明显；各省份平均广义债务率呈现出稳中有涨的趋势，近四年的平均广义债务率保持在70%左右，在 2019 年达到最高值 72.84%。无论是采用狭义还是广义的口径来衡量地方政府的负债水平，结果都显示地方政府债务率明显上升，债务可持续性日益严峻。

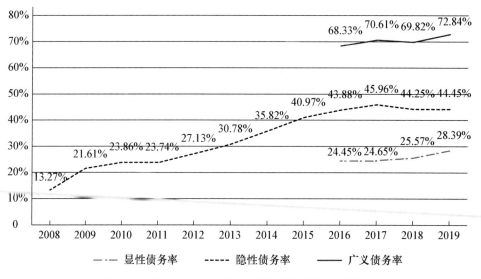

图 3-2 2008—2019 年各省份平均债务率的变动趋势

3.2 债务可持续指数的省际比较

本部分主要分析我国 2019 年各省份的截面数据，从显性债务率、隐性债务率和广义债务率 3 个分项指标出发，分析不同省份的债务可持续情况。由于上述 3 个指标均为负向指标，因此各指标越高代表地方债务可持续性越差。

3.2.1　东中西部地区的对比

图 3 - 3 是 2019 年我国东中西部地区债务可持续指数各项指标的具体情况。就显性债务率而言，西部地区的债务率最高，为 36.59%，东部地区和中部地区差距不大，分别为 22.51% 和 24.16%，东部地区的债务率相对更低；就隐性债务率而言，中部地区的债务率最低，为 33.58%，东部地区和西部地区差距不大，分别为 48.36% 和 48.11%；就广义债务率而言，债务率从低到高分别为中部地区、东部地区和西部地区。综合各项指标，中部地区的债务可持续性最好，而西部地区的债务可持续性最差。

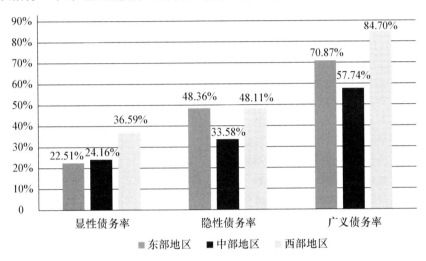

图 3 - 3　2019 年东中西部地区债务可持续指数分项指标

3.2.2　分项指标的省际对比

1. 显性债务率

图 3 - 4 展示了 2019 年 31 个省、自治区和直辖市显性债务率数据。2019 年各省份平均显性债务率为 28.39%，其中青海、贵州、宁夏、内蒙古和海南位居前 5 名，主要是西部地区省份，显性债务率均在 40% 以上，分别为 70.88%、57.68%、44.25%、42.45% 和 42.02%。显性债务率较低的省份有西藏、江苏、河南、北京和广东，均未超过 15%。图 3 - 4 还展示了各省份显性债务限额率，可以看出各地方政府都在债务限额内进行举债，但有部分省份政府债券余额已非常接近限额，如湖南、天津和湖北。从显性债务率的角度看，各地方政府的债务风险是可控的。整体上看显性债务率和人均 GDP 呈负相关的关系，除西藏地区外，经济较发达的地区显性债务率较低，债务可持续性较强。

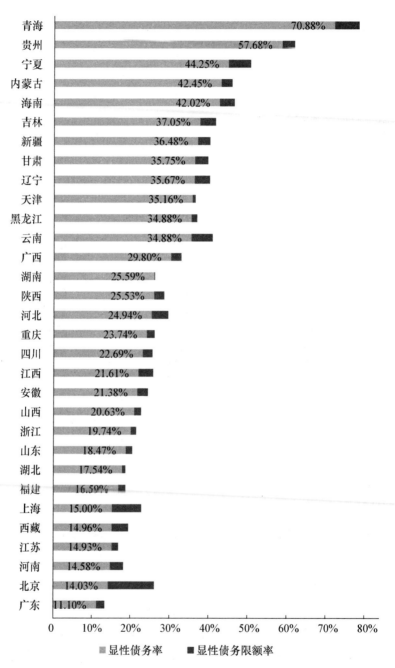

图 3-4 2019 年各省份显性债务率

2. 隐性债务率

2019 年各省份平均隐性债务率是 44.45%，具体情况如图 3-5 所示，可以看出 2019 年各省份隐性债务率差距十分明显，债务率较高的省份是天津、北京、贵州、甘肃和重庆，其中天津和北京的隐性债务率均超过了 100%，债务率较低的省份是辽宁、内蒙古、宁夏和黑龙江，其中辽宁和内蒙古均未超过 10%。

3. 广义债务率

通过对比图 3-4 和图 3-5 可以发现，部分省份显性、隐性债务率都较高（如天津、贵州和甘肃），但是部分省份显性债务率较低、隐性债务率较高（如北京、江苏）或显性债务率较高、隐性债务率较低（如内蒙古、宁夏）。为了更全面地反映地方政府的负债水平，本报告定义了广义债务率进行衡量。2019 年各省份平均广义债务率为 72.84%，天津、贵州、北京、甘肃和青海位居前 5，广义债务率分别为 161.83%、134.25%、128.87%、109.41% 和 105.51%，均在 100% 以上；广义债务率较低的省份有上海、福建、河南、山西和广东，其中广东的广义债务率最低，为 30.54%。

3.2.3　各省总指数的排名

综合上述 3 个指标，本报告计算出 2019 年各省份的债务可持续指数，得分越高，说明债务可持续性越强，结果如图 3-6 所示。2019 年各省份的债务可持续指数呈现出较大的地区差异，东部地区、中部地区的平均债务可持续指数远高于西部地区，得分最高的省份是广东，分数为 93.5，其次为河南、上海、福建和西藏，得分都在 85 以上。债务可持续指数最低的省份是贵州和天津，只有 25 分，其次是青海和甘肃，得分均未超过 50。2020 年贵州省独山县暴露出的地方违规大肆建设、债务负担沉重问题，是贵州高债务率的一个缩影。

对比 2008 年和 2019 年各省份债务可持续指数的排序情况（见表 3-2），2019 年各省份的债务可持续指数整体低于 2008 年。具体来看，西藏、山西、河北和山东一直位列前 10，地方政府的债务可持续性较强，而天津、北京、青海和甘肃债务可持续指数均位于后 10 位，债务可持续性较差。部分省份（如吉林、海南和宁夏）在 2008 年的排名位居前 10，但在 2019 年的排名出现大幅跌落；也有部分省份（如上海、广东和福建）的排名大幅上升，地方政府的债务可持续性逐渐增强。

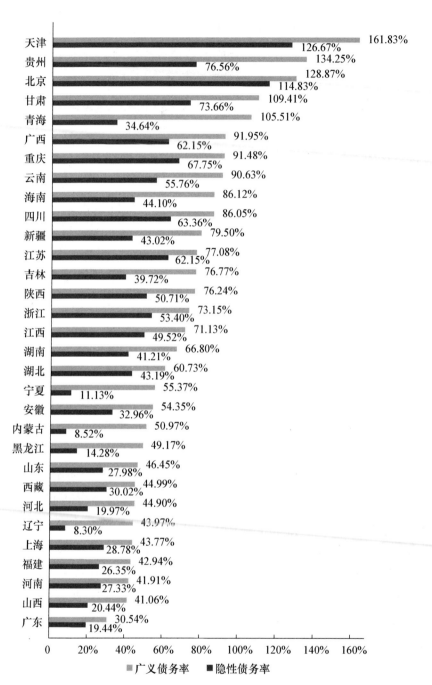

图 3-5　2019 年各省份隐性债务率与广义债务率

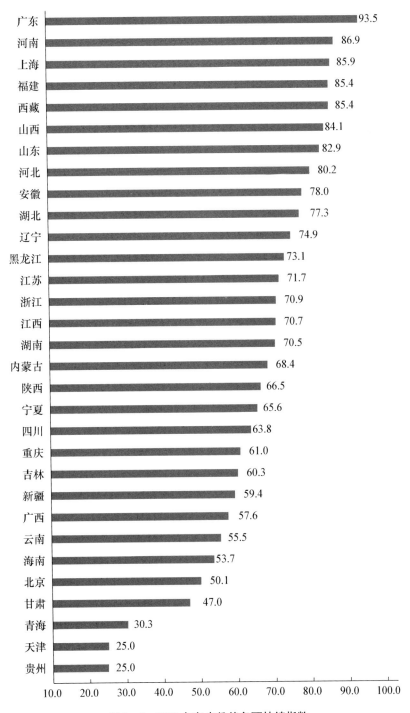

图 3 - 6　2019 年各省份债务可持续指数

表 3 - 2 2008 年和 2019 年各省份债务可持续指数及排名

排名	年份	省份	指数	年份	省份	指数
1		西藏	113.2		广东	93.5
2		山西	111.0		河南	86.9
3		宁夏	110.7		上海	85.9
4		河北	110.6		福建	85.4
5		吉林	110.4		西藏	85.4
6		内蒙古	110.4		山西	84.1
7		山东	110.2		山东	82.9
8		黑龙江	109.8		河北	80.2
9		辽宁	109.1		安徽	78.0
10		海南	108.8		湖北	77.3
11		新疆	108.0		辽宁	74.9
12		江西	107.5		黑龙江	73.1
13		贵州	106.9		江苏	71.7
14		河南	106.5		浙江	70.9
15		湖北	106.4		江西	70.7
16	2008	湖南	103.8	2019	湖南	70.5
17		云南	103.6		内蒙古	68.4
18		广东	103.0		陕西	66.5
19		福建	100.5		宁夏	65.6
20		广西	100.4		四川	63.8
21		浙江	99.7		重庆	61.0
22		安徽	97.5		吉林	60.3
23		陕西	97.2		新疆	59.4
24		江苏	96.2		广西	57.6
25		甘肃	90.4		云南	55.5
26		四川	88.0		海南	53.7
27		上海	86.0		北京	50.1
28		青海	85.9		甘肃	47.0
29		重庆	77.0		青海	30.3
30		北京	65.5		天津	25.0
31		天津	60.0		贵州	25.0

3.3　小结与政策建议

3.3.1　小结

近年来地方政府的债务规模仍在不断上升，2014 年《预算法》修改后，尽管中央对地方政府债务"开前门、堵后门"，但是地方隐性债务并没有明显下降，使宏观经济和金融运行都蕴藏着巨大风险。横向比较来看，我国地方政府的负债水平呈现出较大的地区差异，西部地区的债务率明显高于中部地区和东部地区，债务的可持续性较差。

3.3.2　完善地方债管理的政策建议

本报告认为，进一步完善地方债管理需要重点加强以下几个方面：

第一，继续对隐性债务严格管控。应该继续严格对地方隐性债务的管控，各级政府不仅要严格执行各级人大或其常委会批准的年度预算草案，更要遵守《预算法》的各项规定；不仅要严格遵守《预算法》中有关中央政府举债的"余额管理"、省（自治区、直辖市）政府举债的"限额管理"规定，更要坚决遏制隐性债务，严禁以政府投资基金、政府和社会资本合作、政府购买服务等名义变相举债。

第二，适度提高显性债限额，在"堵后门"堵得更紧的同时，应该进一步扩大"开前门"的力度，提高地方专项额度。加快地方政府债券发行到转换为基建投资的速度，使地方债成为基建投资扩张的重要抓手。

第三，根据各地区债务风险程度，合理制定地方债务限额。从显性债务余额占 GDP 比例上看，2019 年各省的平均显性债务率为 28.39%。各地区的债务风险差异较大，西部地区的债务风险程度较高。但是，从中央给各省批准的债务限额占 GDP 比例上看，中央给西部地区批准的地方债务额度较为宽裕，但是东部地区债务限额较大。而东部地区由于发展水平较高，人口流入和城镇化带动土地出让金数额高，实际上具有更高的偿债能力。因此，我们建议中央应该适当上调东部地区的债务限额，对西部高风险省份的债务限额进行更严格管控。

第四，目前仅有省级政府具有发行政府债券的资格，而城市建设的主体是市级政府，尽管省级政府发行政府债券后，会将部分资金分配给下属的各城市，但是各城市的借债自由度很低。我们建议，应逐步允许市级政府自发自还政府债券。

第四章　社会保障可持续指数

社会保障可持续指数主要衡量各省社保基金的可持续能力，分析在人口老龄化背景下，各省社保基金资金收入能否维持社会保障需求。社会保障可持续指数由养老保险抚养比、养老保险基金盈余率和医疗保险基金盈余率3个分项指标构成，3个分项指标的权重分别是40%、40%、20%。具体如表4-1所示：

表4-1　社会保障可持续指数分项指标构成一览表

指标名称	指数方向	权重	指标类别	定义
4. 社会保障可持续指数		100%	方面指数	
4a 养老保险抚养比	负向	40%	分项指标	城镇职工养老保险参保人当中的退休人数/在职职工人数
4b 养老保险基金盈余率	正向	40%	分项指标	（城镇职工养老保险基金当年收入－当年支出）/当年收入
4c 医疗保险基金盈余率	正向	20%	分项指标	（城镇职工医疗保险基金当年收入－当年支出）/当年收入

原始数据均来自《中国统计年鉴》。值得注意的是，各省份的养老保险基金收入，除了来自缴费收入和利息收入外，还来自公共财政的补助。因此，我们计算的基金盈余率，已经将公共财政补助资金计入了。如果将公共财政补助资金去掉的话，对于公共财政补助率较高的省份而言，盈余率将更低。但是，由于公共财政补助率仅能获得有限省份、有限年份的数据，因此在我们的基准指标里面，基金收入包括了公共财政补助的资金。

4.1　社保基金可持续指数的平均趋势

4.1.1　总指数的平均趋势

图 4-1 展示了中国 2008—2019 年社会保障可持续指数，社保可持续性整体呈现明显的下降趋势。随着各地方社会保险费征缴基数的不断调整，《社会保险法》《城镇企业职工基本养老保险关系转移接续暂行办法》等法律法规的不断完善，我国社保基金盈余曾有小幅回升，但社保基金可持续性总体而言仍是直线下滑，这与我国人口老龄化程度加深密切相关。退休人口的绝对数和相对数均逐年增加，社会保险用于养老和医疗方面的支出压力不断增加。与此同时，在职员工相对数减少，尽管保费征缴基数每年都有小幅上调，但仍低于社保基金支出增速。在中国老龄化仍有加深空间的背景下，社保基金中长期支出压力不容小觑。

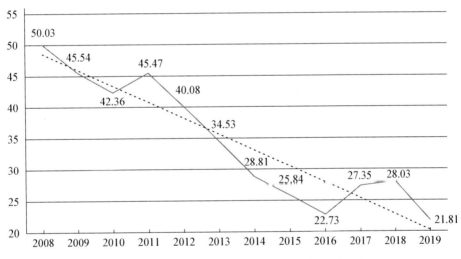

图 4-1　2008—2019 年各省份社会保障可持续指数平均值的变动趋势

4.1.2　分项指标的平均趋势

图 4-2 和图 4-3 给出了 2008—2019 年养老保险抚养比、养老保险基金盈余率和医疗保险基金盈余率 3 个分项指标的变动情况。

与 2008 年相比，2019 年社保基金及其分项基金盈余率均呈现下降趋势。具体而言，城镇职工养老保险基金盈余率下降幅度最大，2019 年基金盈余率仅有

5.21%，且仍有下降趋势。与此相比，养老保险抚养比较 2008 年上升了 6.41 个百分点。这表明，人口老龄化的压力对社保基金可持续性提出的挑战日渐严峻。社保基金，尤其是养老保险基金，中长期支出压力较大。随着减税降费政策的进一步落实，各级财政为基金兜底的压力增大。从医疗保险分项来看，基金盈余率 2017 年有较大增长。2019 年底实施了《关于全面推进生育保险和职工基本医疗保险合并实施的意见》，实现了生育保险和职工基本医疗保险的合并，但城镇职工医疗保险并未受太大影响，盈余率仅有微小幅度下调，总体保持较为平稳。

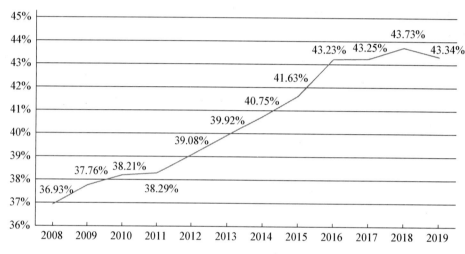

图 4-2 2008—2019 年各省份养老保险抚养比平均值的变动趋势

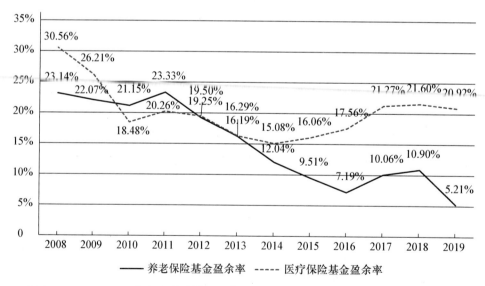

图 4-3 2008—2019 年各省份城镇职工养老保险和职工医疗保险基金的盈余率平均值

4.2　社会保障可持续指数的省际比较

本节分析我国 2019 年各省份截面数据，从养老保险抚养比、养老保险基金盈余率和医疗保险基金盈余率 3 个分项指标出发，比较不同省份的情况。

4.2.1　东中西部地区的对比

通过比较东中西部地区 2019 年社会保障可持续指数各项指标（见图 4-4），我们发现东部社保基金可持续性明显好于中部和西部，中部地区社保基金可持续能力最差。具体而言，东中西部地区养老保险基金可持续性差距较大，东部地区的养老保险基金盈余率最高，养老保险抚养比最低，西部地区养老保险抚养比第二低，中部地区养老保险可持续性最差，当年养老保险基金盈余率只有 1.08%。若不考虑中央调剂金和地方政府一般财政收入的补贴，中部地区养老保险基金已收不抵支，基金偿付压力极大，全国统筹的基本养老保险亟待推进。东中西部地区医疗保险基金可持续性差距较小，西部地区表现最好，中部地区医疗保险可持续性最差。

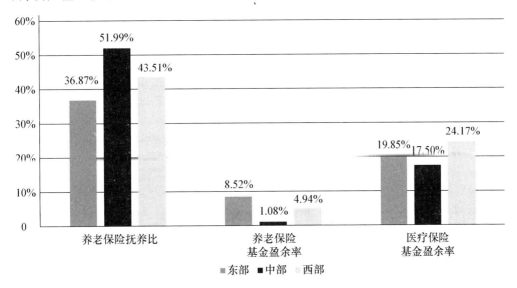

图 4-4　2019 年东中西部地区社会保障可持续指数对比

4.2.2　分项指标的省际对比

1. 养老保险抚养比

图 4-5 展示了 2019 年各省份养老保险抚养比，该比值越小，则说明养老保险

可持续性越强。由图可知，中国养老保险偿付压力地区间差异较大：广东养老保险抚养比最低，仅为 17%；而黑龙江养老保险抚养比高达 78%，这意味着每 10 个在职职工就需要供养近 8 个退休人员，养老保险的供养压力较大。

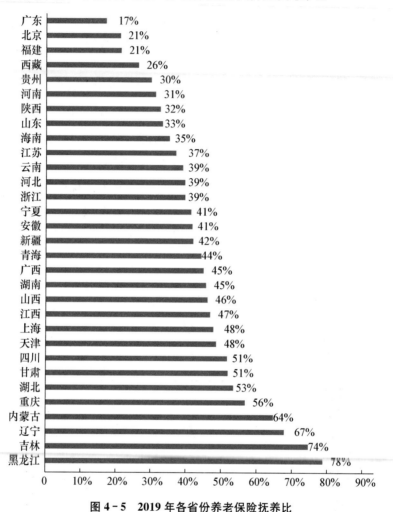

图 4 - 5 2019 年各省份养老保险抚养比

2. 养老保险基金盈余率

养老保险基金盈余率的统计数据显示，有 10 个省份城镇职工基本养老保险基金盈余率为负值，即当年养老保险收入小于支出，分别为辽宁、黑龙江、内蒙古、吉林、青海、江西、浙江、山东、四川和甘肃。东北三省老龄化问题尤为突出，其中，辽宁养老保险收不抵支的情况最为严重。2019 年辽宁城镇职工基本养老保险基金收入为 2 486.4 亿元，支出为 2 950.0 亿元，缺口高达 463.6 亿元。

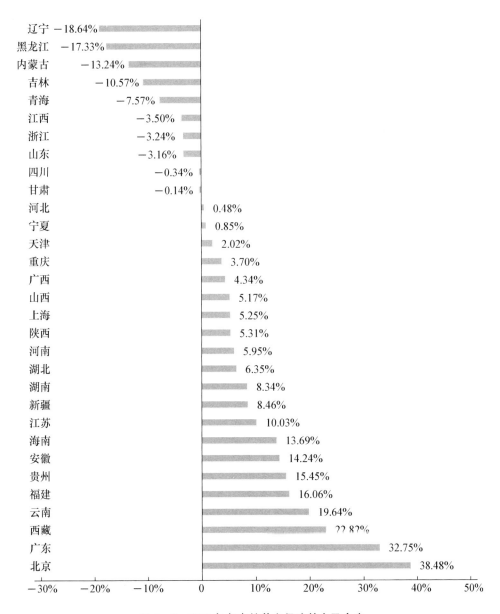

图 4 - 6　2019 年各省份养老保险基金盈余率

　　值得注意的是，公共财政补助已逐步成为养老保险基金收入中的重要组成部分。各省份养老保险基金收入中不仅包含缴费收入和利息收入，还包括中央财政对企业职工基本养老保险的补助资金。补助资金按照因素法分配，主要根据各地区养老保险基金的缺口和赡养率来确定，补助资金纳入中央财政对地方财政的一般性转移支付。按照财政部披露的全国财政决算报告，2019 年公共财政对企业职工基本养老保险基金补助金额为 5 587.76 亿元，占城镇职工基本养老保险总收入的比重为

14.6％。考虑到 2020 年受新冠肺炎疫情的巨大冲击导致地方政府支出增加，地方政府面临的社保基金收支压力突增。与此同时，2019 年国务院印发《降低社会保险费率综合方案》，切实落实减税降费政策，一次性降低养老保险单位缴费比例至16％，继续阶段性降低失业保险、工伤保险费率，社保基金收入锐减。由此，我们可以预见公共财政对企业职工基本养老保险基金补助规模将进一步扩大，补助资金占基金收入比例有上升趋势。

本节中，养老保险基金收入已经包含了公共财政补助，因此如果扣除补助部分，部分省份的养老保险基金当年收支缺口将更加严重。我们从各省份的财政决算报告当中收集了各省份财政对职工养老保险基金的补助金额。图 4－7 显示，对于不同省份而言，公共财政补助的强度存在差异。东北三省等老工业基地较为集中的省份，养老保险基金收入当中依赖于公共财政补助的比例非常高。东北三省的公共财政补助占基金收入的比例都超过了 30％。相比之下，广东、福建、北京和上海等省份的公共财政补助几乎为 0。

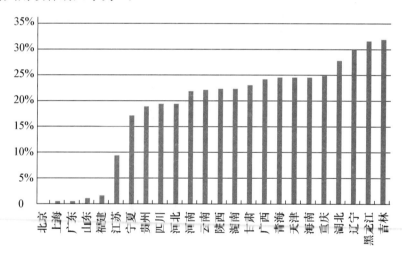

图 4－7　2017 年公共财政补助占各省份养老保险基金收入比重

注：图中仅包含 24 个省份的数据，其余省份的数据由于未公开或无数源，无法查证核实。
资料来源：各省份财政决算报告；《中国统计年鉴》。

3. 医疗保险基金盈余率

2019 年全国各省份城镇职工基本医疗保险基金盈余率均为正，西藏、上海和海南盈余率高于 30％，辽宁和天津盈余率不足 10％（见图 4－8）。总体而言，医疗保险盈余情况与养老保险相似，均与各地区人口结构及老龄化程度密切相关。人口流出地区和老龄化严重地区医疗保险收不抵支问题严重。

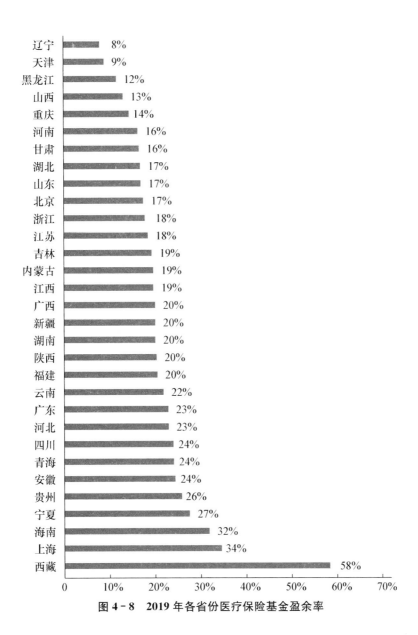

图 4-8　2019 年各省份医疗保险基金盈余率

4.2.3　各省份总指数的排名

图 4-9 给出了 2019 年各省份社会保障可持续指数的排序情况，各省份之间社会保障可持续性差异较大，主要与经济发展和人口老龄化有关。东北三省及内蒙古指数为负，社保缺口需要公共财政的大幅度补贴，进一步加大了公共服务供给压力。相比之下，北京和广东为人口净流入地区，社保缴费收入基数较大，收大于支，盈余较多（但西藏自治区社保基金盈余率较高并非由人口净流入导致）。社保可持续性地区化差异的增大不利于各地区公共服务的均等化。

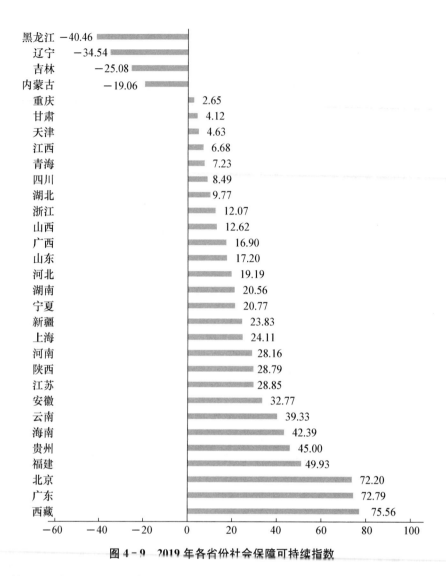

图 4-9 2019 年各省份社会保障可持续指数

比较 2008 年和 2019 年各地区社会保障可持续指数（见表 4-2），有 13 个省份指数分值排名上升，17 个省份指数分值排名下降，一个省份指数分值排名不变。其中，上升最为明显的是西藏，排名由第 30 名上升至第 1 名，社保基金可持续性改善显著。社保可持续指数排名下降较为严重的是东北三省。东北地区是中国粮食生产大区，且拥有更多资源依赖型国有企业，随着资源枯竭和生产力下降，地区经济发展连年下滑，年轻劳动力流出现象十分普遍，加之原国有企业离退休、下岗职工的沉淀，养老保险支出压力倍增。而以广东为代表的东部沿海省份社会保障可持续指数排名维持靠前，主要原因是地区经济发展所致的大批外来人口流入。改革开放以来，东部沿海省份经济增长速度在全国处于领先地位，东部沿海省份的就业结构随产业结构的升级更加趋向于高度集中化，劳动密集型制造业吸纳了来自内陆省份的很多外来务工人员。外来务工人员平均年龄较低，大多处于在职职工参保阶段，尚未到领取养老金的法定年龄，导致这些省份中常住人口的老年人抚养比（即60岁以上人口与16～59岁人口之比）较低，社保可持续性情况较为乐观。

表4－2　2008年和2019年各地区社会保障可持续指数和排名

排序	年份	省份	指数	年份	省份	指数
1		广东	97.02		西藏	75.56
2		浙江	84.34		广东	72.79
3		广西	73.87		北京	72.20
4		山西	67.58		福建	49.93
5		江苏	65.72		贵州	45.00
6		宁夏	62.06		海南	42.39
7		福建	62.04		云南	39.33
8		江西	59.33		安徽	32.77
9		山东	58.45		江苏	28.85
10		贵州	53.90		陕西	28.79
11		安徽	53.60		河南	28.16
12		内蒙古	52.37		上海	24.11
13		四川	51.63		新疆	23.83
14		新疆	51.53		宁夏	20.77
15		北京	50.98		湖南	20.56
16	2008	吉林	50.04	2019	河北	19.19
17		河南	47.18		山东	17.20
18		重庆	46.95		广西	16.90
19		甘肃	45.11		山西	12.62
20		湖北	45.03		浙江	12.07
21		海南	44.85		湖北	9.77
22		湖南	44.80		四川	8.49
23		青海	44.74		青海	7.23
24		河北	43.05		江西	6.68
25		云南	39.44		天津	4.63
26		辽宁	39.40		甘肃	4.12
27		黑龙江	38.03		重庆	2.65
28		陕西	36.77		内蒙古	−19.06
29		天津	22.45		吉林	−25.08
30		西藏	18.80		辽宁	−34.54
31		上海	0.00		黑龙江	−40.46

4.3 小结与政策建议

4.3.1 当前社会保险基金运行存在的问题与挑战

我们当前社会保险基金运行存在的突出问题与挑战是：

第一，社会保险地方统筹制度逐渐暴露出高度"碎片化"的问题，加大了地区间经济社会发展的不平衡。我国社会保险制度自从建立之初，一直延续地方统筹模式，绝大多数省份实现在市级、县级层面的统筹。在这一模式下，大政方针由中央确定，各地区"分灶吃饭"，保险经办、保费征缴、养老金发放和结余资金管理等均由地方政府负责。"分灶吃饭"的模式，解决了我国地区间经济发展水平差异大、信息难以获取的问题，权责一体有效地调动了地方政府征缴保费的积极性，有助于各地区因地制宜调节社保政策。地方统筹模式充分调动了中央、地方的积极性，在一定时期内推动了我国社会保险事业的快速发展。但随着时间推移，社会保险地方统筹制度逐渐暴露出高度"碎片化"的问题，由于各地区在人口年龄结构、人口流入流出上的差异，不同地区间的养老保险负担压力苦乐不均。人口流出地，公共财政需要大量补贴社保基金，财政用于公共服务提供的能力受到很大限制。

第二，各地区的实际缴费率存在巨大差异，导致"市场壁垒"坑坑洼洼，扭曲了要素在地区间的配置效率，不利于发挥市场在资源配置中的决定性作用。尽管中央制定的标准费率是 28%，但是实际中严格按照标准费率和缴费基数参保的并不多。很多企业不是按照员工实际工资来缴费，而是按照较低的基数缴费。一些地方政府还会给企业费率上的优惠。我们利用《中国统计年鉴》数据测算了社保的实际缴费率。图 4-10 展示了 2018 年各省份养老保险的实际缴费率，全国平均实际缴费率为 17%，远远低于 28% 的水平。其中，广东、海南和福建三省实际缴费率均低于 10%，广东实际缴费率仅有 8%，在 31 个省份中位列最低。新疆、内蒙古和甘肃三省份实际缴费率较高，均高于 25%。综合前述养老保险基金可持续指数测算的分析，中国养老保险可持续性与实际缴费率出现"剪刀差"。广东实际缴费率低的主要原因是其规定的缴费率低，但该省青年劳动力流入较多，养老负担轻，较低的缴费率也能维持养老保险基金的收支结余。而内蒙古、甘肃和黑龙江等省份的实际缴费率虽高，但本省份人口净流出严重，养老保险抚养比高。部分省份基金收支缺口大，高实际缴费率仍然难以维持养老保险收支平衡，不得不进一步提高保险金缴费率，进而抑制了企业生产和劳动力流入，产生了"马太效应"，地区间经济发展的差距进一步扩大。

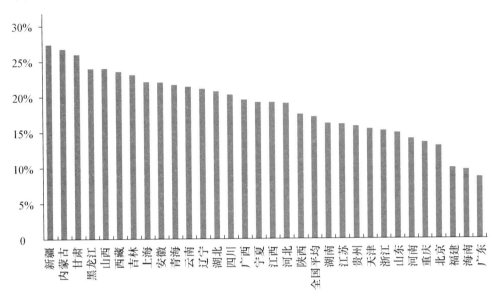

图 4-10　2018 年各省份的养老保险实际缴费率

注：实际缴费率＝参保职工人均缴费/社会平均工资。社会平均工资是城镇单位就业人员平均工资与城镇私营企业和个体就业人员平均工资的加权平均数。原始数据来自《中国统计年鉴》。

第三，人口老龄化是社保基金面临的深层次压力。在 2019 年社保降费之前，社保基金就面临日益增大的收支压力。2018 年，城镇职工养老保险基金收入 4.3 万亿元，基金支出 3.8 万亿元，当年结余 0.5 万亿元。但是，基金收入当中包含财政对企业职工养老保险的补助 0.46 万亿元。因此扣除财政补助，养老保险缴费收入与基金支出从全国加总数上只能大抵平衡。近年来社保收支压力、养老保险抚养比等都不断攀升。未来随着人口老龄化程度的进一步加深，社保收支压力必定与日俱增。

4.3.2　提升社会保障可持续性的建议

我们对于提升社会保障可持续性的建议包括如下几个方面：

1. 社保费率"低费率、严征管、宽费基"

"低费率、严征管、宽费基"，应该是社保制度的改革方向，也是较为理想的税收制度。我们建议，社保费交由税务部门征管，但以降低社保名义费率为前提，在保证征管力度加强的同时，使大部分企业负担在合理承受范围之内。

当然，未来社保规定费率的下调幅度，取决于社保征收力度的提升程度有多大。实际上，我们还应考虑到，社保费率的下调，本身也有拉弗曲线的效应，可以提升企业和职工的参保积极性，反过来也有利于社保征管力度的提升。之前很多企业和职工不愿意参保或不如实参保，一个因素是因为我们规定费率太高。

2. 进一步提升参保率

社会保险是社会托底的重要机制，全民参保是一个努力的方向。从社保覆盖面上来看，尽管城镇职工养老保险的参保率已经从 2004 年的 45％上升到当前的75％，但仍然有 1/4 的城镇职工没有参保。提升参保率，一方面可以使更多职工纳入社保安全网，免除养老的后顾之忧，还可以减少预防性储蓄，增加国内消费；另一方面，新纳入社保的职工，大多处于青壮年龄段，因此可以适度降低参保人群当中的养老保险抚养比，缓解近期社保收支压力。

除了降费率、严征管有利于提升参保率之外，我们还应该在社保制度当中进一步完善"多缴多得、长缴长得"的激励机制，调动企业和职工的参保积极性。参保人尽管缴费增加，但知道可以多领养老金，那么参保积极性也会上升。

目前各地区养老保险参保率仍然还存在较大差异。在图 4-11 当中，我们计算了各省份养老保险参保率，即参保在职职工人数与城镇职工人数之比。按照《中国统计年鉴》的数据口径，城镇职工人数为城镇单位就业人数与城镇私营企业和个体就业人数之和。从中可见，全国平均参保率为 69％，广东在各省份中居于最高，为103％。广东参保率超过 100％是因为部分农村就业人数也参加了城镇养老保险。参保率较高的省份还包括辽宁、黑龙江、山东、河北。相比之下，甘肃、云南、重庆、安徽等省份的参保率在 50％以下，提高参保率的努力空间仍然较大。

3. 加快实现全国统筹

2018 年 7 月起，国务院开始建立养老保险基金中央调剂制度。在现行企业职工基本养老保险省级统筹基础上，建立中央调剂基金，对各省份养老保险基金进行适度调剂。中央调剂制度建立后，内陆省份公共财政对养老保险的补助压力减小，间接上有利于促进地区间公共服务均等化，最终促进地区间经济的均衡发展。

国务院在国发〔2018〕18 号文件中定调会逐步提高上解的比例，最终实现养老保险全国统筹，因此地方政府可能预期到，如果结余量巨大，即使当前可以留存本省份使用，但是未来上解中央的比例还会上调。尤其是实现全国统筹之后，结余资金最终将全部上交中央，届时地方政府不再负担养老保险责任。因此，一些省份可能产生"量出为入、藏富于民"的思想，在制定费率和征管社保费时仅做到略有盈余，刚刚够发放养老金，不愿意进一步扩面征缴。我们认为，中央调剂制度作为一个过渡手段，过渡期不应该太长，应该加快实现真正全国统筹的步伐。

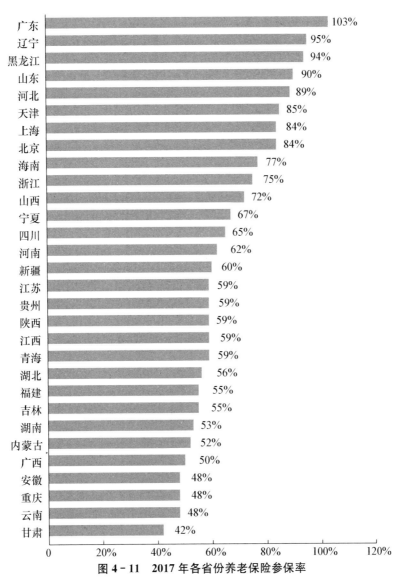

图 4 - 11　2017 年各省份养老保险参保率

注：养老保险参保率为参保在职职工人数与城镇职工人数之比。
数据来源：《中国统计年鉴》。

4. 加快建立多层次的养老保障体系

加快建立多层次的养老保障体系，合理区分政府、企业和个人的养老责任，在基本养老保险"保基础"之上，促进企业年金、商业性养老保险和个人储蓄养老保险的发展，形成多资金渠道的养老保障体系，而非过度依赖政府的基本养老体系，从而舒缓政府在老龄化高峰到来时的养老金发放压力。

5. 完善国企分红政策，处理好财政贡献与保值增值间的关系

2017 年发布的《划转部分国有资本充实社保基金实施方案》，提出中央和地方

国有及国有控股大中型企业、金融机构均纳入划转范围；划转比例统一为企业国有股权的10％；全国社保基金及其他承接主体，主要作为财务投资者获取对应的股权分红。2019年6月审计署反映进展未达预期。数据显示，2018年国有企业（不含国有金融企业）净利润总额是2.5万亿元，上缴国有资本经营预算的仅有2900亿元，占比仅为12％。在2900亿元当中，实际仅有26％（754亿元）调入到公共财政预算，调出资金占国有企业净利润总额的比例仅为3％。如果能将国有企业净利润中上缴国有资本经营预算的比例提高到20％，同时也能将其中50％用于补充社保基金，那么可以带来2500亿元的收入，从而一定程度上缓解支出压力。但是，这也仅占社保基金收入的5.8％，因此我们难以指望国有企业分红能够大幅度减低社保费。

为更有效地利用国有资本收益，我们应当建立更加长期稳定的利益分配机制。一方面，长期稳定的政策将提升国有企业面临的市场与政策环境的确定性，有利于国有企业发展。另一方面，长期稳定的政策有利于实现财政收入的规范化与法治化，保证了预算等执行的严肃性，有利于财政体制的深化改革。

第五章　基本公共服务指数

本部分介绍地方基本公共服务指数，该指数由义务教育生师比[①]、每千人口卫生技术人员、每千人口医疗机构床位数、人均图书馆藏书量、公路密度、每千人口民政机构床位数等6个分项指标构成。具体指标内容如表5-1所示：

表5-1　基本公共服务指数分项指标构成一览表

指标名称	指数方向	权重	指标类别	定义
5. 基本公共服务指数		100%	方面指数	
5a 义务教育生师比	负向	15%	分项指标	义务教育学生人数/义务教育老师人数
5b 每千人口卫生技术人员	正向	15%	分项指标	卫生技术人员/人口数
5c 每千人口医疗机构床位数	正向	10%	分项指标	医疗机构床位数/人口数
5d 人均图书馆藏书量	正向	15%	分项指标	公共图书馆藏书量/人口数
5e 公路密度	正向	30%	分项指标	年末实有道路面积/行政区域土地面积×1 000
5f 每千人口民政机构床位数	正向	15%	分项指标	民政机构床位数/人口数

原始数据来自《中国统计年鉴》，由《中国人口年鉴》与各省统计年鉴补全《中国统计年鉴》中缺失的数据。义务教育生师比指标的指数方向为负向，即指标数值越小，表明教育资源更丰富；其他指标的指数方向均为正向，即指标数值越大，代表基本公共服务提供情况越好。

　　[①] "义务教育生师比"基于统计数据测算，本书第七章有指标名称"普通中学师生比""普通小学师生比"，为方便计算，全书名称不作统一。

5.1 基本公共服务指数的平均趋势

本节对我国 2008—2019 年基本公共服务指数的平均变动趋势进行分析。

5.1.1 总指数的平均趋势

2008—2019 年，全国的基本公共服务指数呈波动上升趋势。图 5-1 显示，2008 年基本公共服务指数为 25.72，2009 年上升至 30.71，2010 年短暂回落至 25.60，2011—2014 年持续上升至 46.58，2015 年基本公共服务指数小幅度回落至 41.28，而之后又呈现逐年稳步上升的趋势，但是增长速度有所减慢，2019 年基本公共服务指数达到 51.09。这表明我国在基本公共服务方面的投入在以相对稳定的速度逐年增长。

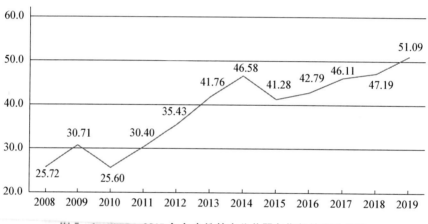

图 5-1 2008—2019 年各省份基本公共服务指数的变动趋势

5.1.2 分项指标的平均趋势

图 5-2 至图 5-7 给出了义务教育生师比、每千人口卫生技术人员、每千人口医疗机构床位数、人均图书馆藏书量、公路密度、每千人口民政机构床位数等 6 个分项指标的原始数据 2008—2019 年的变动情况。2019 年与 2008 年相比，各项指标均发生了较为显著的变化。

义务教育生师比指标方向为负，2008 年义务教育生师比约为 16.90，表明 1 位老师负担约 17 名学生，之后该指标稳定减少至 2013 年的 14.72，此后一直保持在稳定的范围，表明在义务教育阶段 1 位老师负担 14～15 名学生。该指标从减少到稳定的变化意味着义务教育阶段人力资源利用效率越来越高，办学质量也越来越好，并且趋于相对稳定的状态。每千人口卫生技术人员指标自 2008 年以来从 4.30 基本稳定增长，2019 年达到 7.35。这意味着每千人口配比的卫生技术人员从大约 4 人增长为 7 人左右，表明在医疗领域的人力资源越来越丰富。类似地，每千人口医疗机构床位数指标自 2008 年以来从 3.21 稳定持续增长至 2019 年的 6.24，这表明我国在医疗卫生资源的投入与配置上取得了较为显著的进步。人均图书馆藏书量指标呈现波动增长的趋势，增速相比其他指标而言并不大，2008 年人均图书馆藏书量约为 0.49 册，2019 年已增长为约 0.84 册。公路密度指标自 2008 年以来持续增长，保持相对稳定的增速，从 2008 年的 1.90 增至 2019 年的 3.49，表明我国在基础设施建设中持续投入，并且与城镇化建设有着密切的关系。与其他指标不同，每千人口民政机构床位数指标呈现较大波动趋势，2015 年以来趋于稳定，每千人口民政机构床位数稳定在 3 张左右。

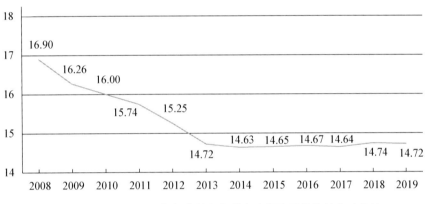

图 5-2　2008—2019 年各省份义务教育生师比平均值的变动趋势

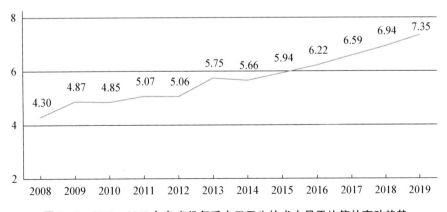

图 5-3　2008—2019 年各省份每千人口卫生技术人员平均值的变动趋势

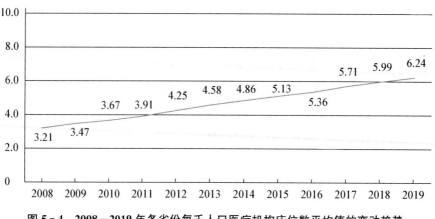

图 5-4　2008—2019 年各省份每千人口医疗机构床位数平均值的变动趋势

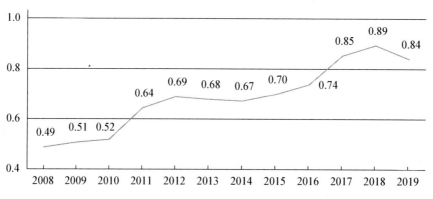

图 5-5　2008—2019 年各省份人均图书馆藏书量平均值的变动趋势

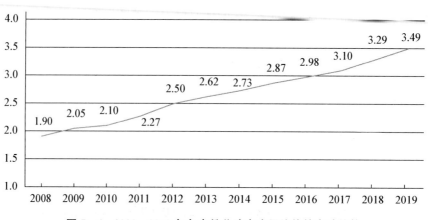

图 5-6　2008—2019 年各省份公路密度平均值的变动趋势

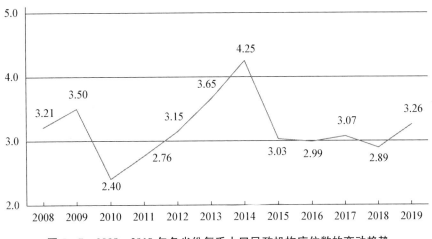

图 5 - 7 2008—2019 年各省份每千人口民政机构床位数的变动趋势

5.2 基本公共服务指数的省际比较

5.2.1 东中西部地区的对比

如图 5 - 8 所示,对比东中西部地区 2019 年基本公共服务指数各项指标,整体上看东中西部地区存在较大差异,东部地区的基本公共服务优于西部和中部地区。其中,在义务教育生师比指标上,东中西地区较为持平,1 位老师负担约 15 名学生;在医疗资源的投入分配上,每千人口卫生技术人员与每千人口医疗机构床位数在 3 个地区并没有表现出明显差异;在人均图书馆藏书量指标上,东部地区人均图书馆藏书量为 1.05 本,远高于中部地区的 0.57 本和西部地区的 0.83 本;在公路密度指标上,东部地区道路密度远远高于中西部,这主要是因为东部地区的城镇化率高,城镇道路较为完善;每千人口民政机构床位数指标中,东中部地区的每千人口民政机构床位数接近 4 张,而西部地区该数值仅为 2.55 张。

5.2.2 分项指标的省际对比

1. 义务教育生师比

图 5 - 9 为各省份 2019 年义务教育生师比指标的情况,该指标为负向指标,即义务教育生师比数值越小说明教育资源提供得越多。统计数据显示,2019 年,广西每位老师负担近 18 名学生,而吉林、黑龙江、北京等地每位老师约负担 11 名学生,各省份在师资力量投入方面差异较大,但是两极分化情况并不严重。

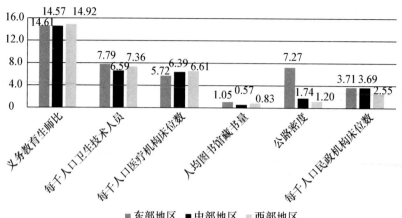

图 5-8　2019年东中西部地区基本公共服务各项指标

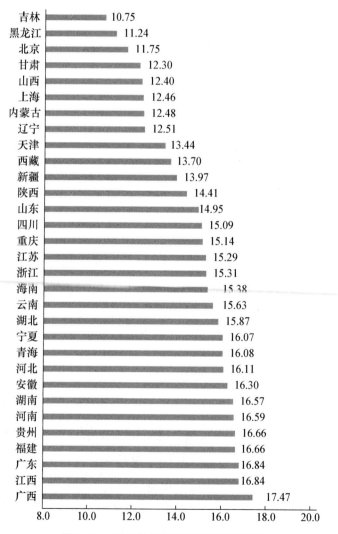

图 5-9　2019年各省份义务教育生师比

2. 每千人口卫生技术人员

图 5-10 给出了每千人口卫生技术人员的省际对比情况，也就是卫生技术人员与常住人口的比例。统计数据显示，2019 年大部分省份每千人口对应的卫生技术人员为 6~9 人，数据相差不大，北京的数据为 12.59，远高于其他省份。

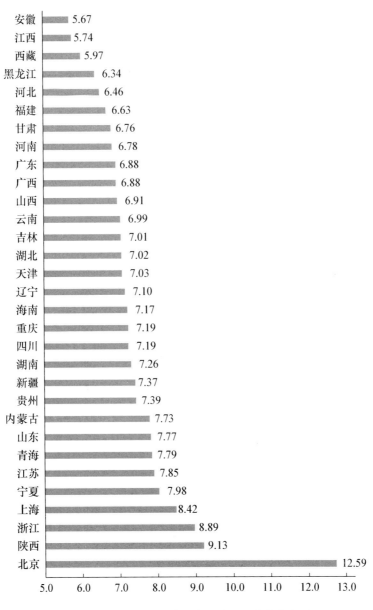

图 5-10　2019 年各省份每千人口卫生技术人员

3. 每千人口医疗机构床位数

图 5-11 给出了每千人口医疗机构床位数的省际对比情况，该指标越高，说明医疗机构发展床位规模越大。2015 年，国务院提出"到 2020 年，每千常住人口医疗卫生机构床位数控制在 6 张"的目标，根据统计数据，2019 年绝大部分省份已经接近或者实现该目标。其中，四川、重庆、新疆等省份每千人口床位数达到 7～8 张；天津、广东、西藏等省份略显落后，每千人口床位数为 4～5 张，这表明部分省份医疗机构资源投入有待增加。

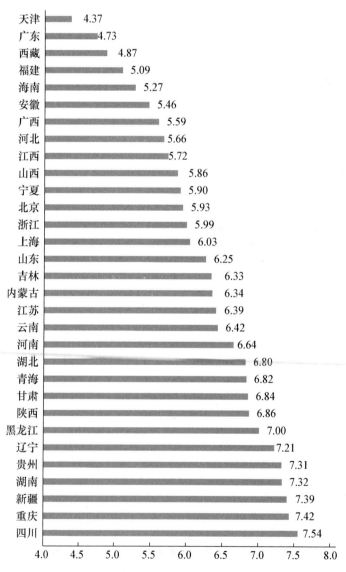

图 5-11 2019 年各省份每千人口医疗机构床位数

4. 人均图书馆藏书量

图 5-12 给出了人均图书馆藏书量的省际数据对比情况,该指标越大说明该省份提供的图书资源越多。统计数据显示,上海、广西等省份的人均图书馆藏书量约为 3 册,远高于其他省份。相对应地,北京、甘肃、河南等省份人均图书馆藏书量仅为 0.3 册左右。除上海、广西之外,其余省份人均图书馆藏书量与国际图联和联合国教科文组织推荐的人均 1.5～2.5 册图书馆藏书量等国际标准相比存在显著差距,公共图书资源投入有待增加。

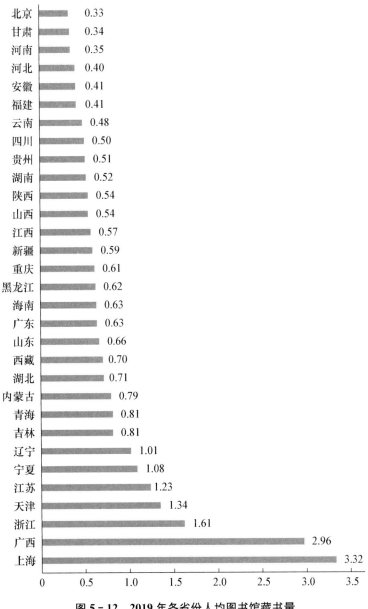

图 5-12　2019 年各省份人均图书馆藏书量

5. 公路密度

图 5－13 给出了公路密度的省际数据对比情况。上海、天津、北京等经济发展比较好的地区道路密度已达 8～19，意味着每平方公里就有 80～190 平方米道路，远高于其他地区。而西藏、甘肃、内蒙古等西部地区道路密度较低，不足 0.5。除地广人稀的因素之外，也从侧面反映出，横向对比而言该地区城镇化建设落后于其他地区。

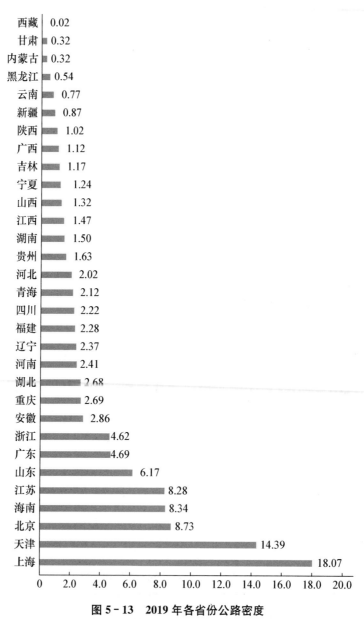

图 5－13　2019 年各省份公路密度

6. 每千人口民政机构床位数

图 5-14 给出了 2019 年各省份每千人口民政机构床位数的省际对比情况，该指标越大，代表该地区对于民政服务的资源提供越多。统计数据显示，各省份提供的民政机构床位数有显著的差异，其中，上海每千人口民政机构床位数已达 5.91 张，江苏、浙江、吉林、北京等省份每千人口民政机构床位数也超过 5 张，而海南每千人口民政机构床位数仅为 0.65 张，甘肃、青海、广西等西部省份每千人口民政机构床位数也远低于其他省份。

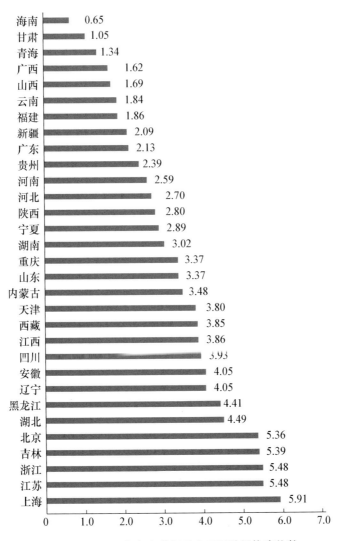

图 5-14　2019 年各省份每千人口民政机构床位数

5.2.3 各省份总指数的排名

根据各省份的基础数据，使用指数化的方法得到了各省份 2019 年基本公共服务指数的情况，得分越高，代表基本公共服务提供得越多。从图 5 - 15 可以看出，各地区整体基本公共服务指数存在两极化的差异，排名最后 1 位的福建基本公共服务指数为 29.42，排名第 1 位的是上海，基本公共服务指数为 115.85，约为福建该指标的 4 倍。基本公共服务指数排名较为靠后的省份多位于西部地区，排名靠前的省份为上海、北京、江苏、天津、浙江等。其中，2019 年广东基本公共服务指数位居全国倒数第 4，其在义务教育生师比、人均图书馆藏书量、公路密度这三个指标

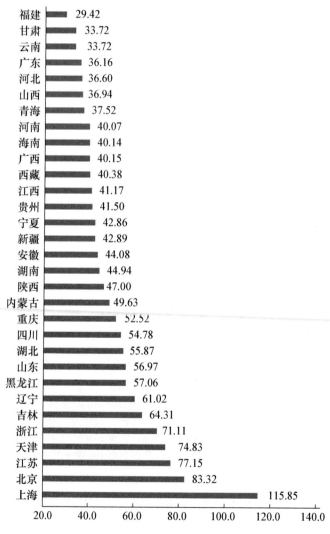

图 5 - 15　2019 年各省份基本公共服务指数

的排名上较为靠前，而在每千人口卫生技术人员与每千人口民政机构床位数这两个指标排名上均处于全国倒数的位置。公共医疗卫生配给相对不足成为广东省在基本公共服务指数排名中较为靠后的原因。

各省份2019年与2008年基本公共服务指数排名变化不大，根据表5-2可以看出，排名前几位的省份为北京、上海、江苏、天津等东部省份，排名较为靠后的多为甘肃、云南等西部省份，吉林、黑龙江、湖北等中部省份排名往往居中，可以看出东中西部地区发展仍旧存在显著差异。一方面，这可能与各省份经济发展水平、贫困程度、教育发展水平与医疗卫生条件等差异有关；另一方面，这也从侧面反映了地方政府对于基本公共服务投入的关注度。

表5-2 2008年和2019年各省份基本公共服务指数和排名

排序	年份	省份	指数	年份	省份	指数
1		上海	90.16		上海	115.85
2		北京	69.83		北京	83.32
3		天津	57.87		江苏	77.15
4		新疆	39.91		天津	74.83
5		辽宁	39.31		浙江	71.11
6		吉林	34.91		吉林	64.31
7		山东	32.11		辽宁	61.02
8		江苏	31.28		黑龙江	57.06
9		黑龙江	30.99		山东	56.97
10		山西	29.08		湖北	55.87
11		内蒙古	27.70		四川	54.78
12	2008	浙江	25.99	2019	重庆	52.52
13		陕西	23.52		内蒙古	49.63
14		河北	23.20		陕西	47.00
15		宁夏	21.67		湖南	44.94
16		青海	20.70		安徽	44.08
17		湖北	20.41		新疆	42.89
18		海南	19.98		宁夏	42.86
19		湖南	19.48		贵州	41.50
20		西藏	15.79		江西	41.17
21		福建	15.77		西藏	40.38
22		甘肃	15.05		广西	40.15
23		重庆	14.83		海南	40.14
24		广东	13.58		河南	40.07

续表

排序	年份	省份	指数	年份	省份	指数
25		四川	13.33		青海	37.52
26		河南	12.21		山西	36.94
27		云南	11.74		河北	36.60
28	2008	安徽	8.94	2019	广东	36.16
29		广西	8.41		云南	33.72
30		江西	8.29		甘肃	33.72
31		贵州	1.15		福建	29.42

5.3　小结与政策建议

基本公共服务是由政府主导、保障全体公民生存和发展基本需要、与经济社会发展水平相适应的公共服务。尽管相对于 2008 年的基本公共服务情况而言，各省份已经取得了显著的进步，医疗卫生、教育投入、基础设施等方面快速发展，区域间、城乡间差距逐渐缩小，但我国基本公共服务发展参差不齐，依旧存在规模不足、质量不高、发展不平衡的短板。根据以上分析，东部地区在基本公共服务的提供上优于中西部地区，这是由于东部地区是我国经济相对发达的地区，各方面情况都优于全国的平均水平。

大力推动基本公共服务一体化建设是全面建成小康社会的基础性工程，这也要求我们在发展中缩小区域差距和城乡差距。相比 2008 年，各省份基本公共服务水平已不断提高，差距也日益缩小，但各省份距离基本公共服务均等化目标的实现依旧有较大的差距。基本公共服务水平不高与供给不均衡问题固然是由于不同地区资源禀赋、经济发展水平不同造成的，但同时也体现出我国的均等化制度有待完善的问题。比如：在均等化规则的制定上，我国相关制度建设与法律体系较为缺失；在各地区财力分配上，我国财政制度中转移支付更多地用于调控中央和地方之间的纵向失衡，而横向来看，地区间差异依旧较大，经济发展相对缓慢的地区短期内难以依靠自身力量解决基本公共服务缺失的现状。因此为实现基本公共服务一体化的目标，我国在财政制度、立法制度层面依旧需要进行创新，缩小各地区财政收入上的差距，从而建立与经济发展水平相适应的一体化的公共服务；各省份也应当尽力而为，在经济发展和财力可持续的基础上，加强基本公共服务建设，逐步完善养老和医疗保障体系、兜底救助体系、住房供应和保障体系。

第六章 省内财政均衡性指数

本部分通过构建省内财政均衡性指数，考察了在一个省份内部各个地级市的财政运行均衡情况。在这里我们用财政收入差距、财政支出差距、财力均等化力度以及基本公共服务均等化力度4个维度来对省内财政运行均衡情况进行刻画（见表6-1）。

表6-1 省内财政均衡性指数分项指标构成一览表

指标名称	指数方向	权重	指标类别	定义
6. 省内财政均衡性指数		100%	方面指数	
6a 省内各市人均财政收入差距	负向	20%	分项指标	省内各市人均财政收入的基尼系数
6b 省内各市人均财政支出差距	负向	20%	分项指标	省内各市人均财政支出的基尼系数
6c 省内财政均等化力度	正向	20%	分项指标	省内各市人均财政支出的基尼系数－省内各市人均财政收入的基尼系数
6d 省内基本公共服务差距	负向	40%	分项指标	省内各市基本公共服务指数的基尼系数

本部分在编制指数时剔除了4个直辖市，以及在多数年份中地级市数量少于3个的省和自治区（海南、西藏、青海、新疆）的样本，仅考察并计算余下的23个省（自治区）的省内财政均衡性指数。地级市数据来自各年份《中国城市统计年鉴》。

6.1 省内财政均衡性指数的平均趋势

6.1.1 总指数的平均趋势

2008—2018 年[①]全国各省份省内财政均衡性指数得分的算术平均值总体上呈现上升趋势，这表明各省份省内财政运行情况趋于均衡。其中，指数得分在除去 2010 年、2014 年之外的年份均环比增加，特别是在 2009 年、2012 年较前一年有较大幅度上升（见图 6-1）。

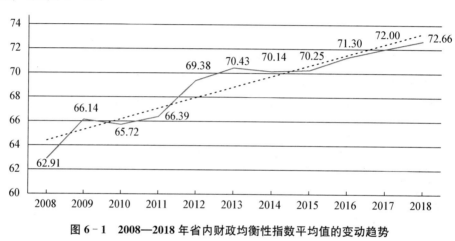

图 6-1　2008—2018 年省内财政均衡性指数平均值的变动趋势

6.1.2 分项指标的平均趋势

从分项指标来看，财政收入的省内均衡情况方面，全国各省份的省内各市人均财政收入差距的算术平均值从 2008 年的 0.384 下降到 2018 年的 0.353（见图 6-2）。

财政支出的省内均衡情况方面，全国各省份的省内各市人均财政支出差距平均值逐年下降，从 2008 年的 0.216 下降到 2018 年的 0.169（见图 6-3）。

作为省内各市人均财政收入差距与省内各市人均财政支出差距的差值，省内财政均等化力度越大，意味着省内财政收入再分配程度越高。该值从 2008 年的 0.167 变动为 2018 年的 0.184，总体上略有上升（见图 6-4）。

而省内基本公共服务差距，2008 年为 0.174，2018 年为 0.128，总体上也呈现小幅下降的态势（见图 6-5）。

---

① 本章市层面的数据需从《中国城市统计年鉴》中获取，而 2020 年《中国城市统计年鉴》尚未公布，因此省内地级市层面 2019 年的相关数据不可得，故此处省内财政均衡性指数只能呈现到 2018 年。

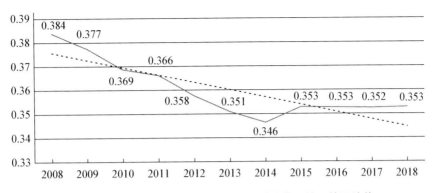

图6-2　2008—2018年省内各市人均财政收入差距的平均值

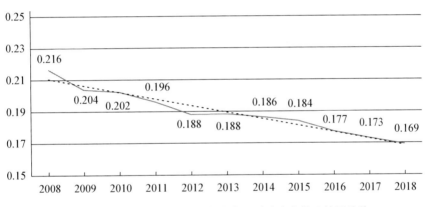

图6-3　2008—2018年省内各市人均财政支出差距的平均值

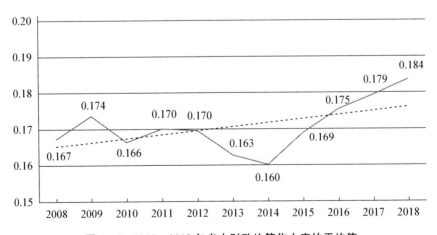

图6-4　2008—2018年省内财政均等化力度的平均值

图 6-5　2008—2018 年省内基本公共服务差距的平均值

6.2　省内财政均衡性指数的省际比较

6.2.1　东中西部地区的对比

综观 2018 年东中西部地区省内财政均衡性指数，总体上省内各市人均财政收入差距大于财政支出差距，又大于基本公共服务差距。其中省内各市人均财政收入差距方面，西部地区略大于东部地区，中部地区最小，为 0.293。省内各市人均财政支出的均衡方面仍是中部地区做得最好，差距仅为 0.135，最大的东部地区则为 0.243。西部地区的省内财政均等化力度最大，人均财政收入与支出方面的基尼系数之差达到了 0.252，这说明尽管西部省份的地级市在人均财政收入上存在较大差距，但通过财政收入的再分配，省内各市的人均财政支出较为平衡。在省内基本公共服务指数的均衡程度上，东中西部地区大致相当，差距分别为 0.134、0.114、0.137。较均衡的基本公共服务指数也再次侧面印证了人均财政支出的均衡性（见图 6-6）。

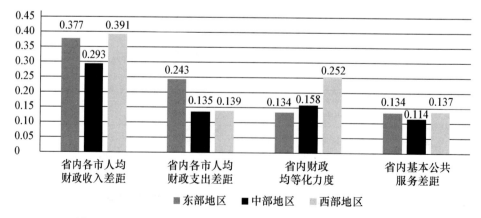

图 6-6　2018 年东中西部地区省内财政均衡性指数分项指标对比

6.2.2 分项指标的省际对比

1. 省内各市人均财政收入差距

2018年省内各市人均财政收入的均衡性上，江西、山西、河北三省做得最好，三省的省内各市人均财政收入差距分别为0.206、0.231和0.242。广东该项差距为0.649，远超其他省份（见图6-7）。通常而言，省内各市经济发展水平越不均衡（以省内各市人均GDP基尼系数衡量），省内各市人均财政收入就越不均衡，二者之间存在十分显著的正相关关系（见图6-8）。

2. 省内各市人均财政支出差距

从数据中可以观察，2018年各省份省内各市人均财政支出差距与省内各市人均财政收入差距的排序较为接近。宁夏、山西、黑龙江三省份在省内各市人均财政

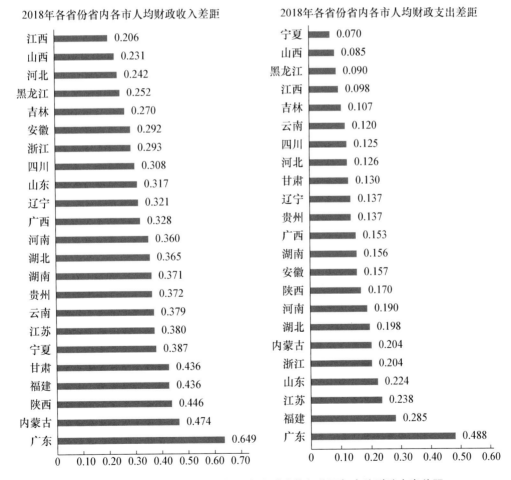

图6-7 2018年各省份省内各市人均财政收入差距与人均财政支出差距

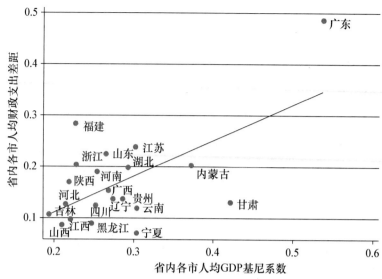

图 6-8　2018 年各省份省内各市人均财政收入差距与人均 GDP 基尼系数间的关系

支出上更为平衡，差距分别为 0.070、0.085 和 0.090。值得注意的是，江西、山西、黑龙江、吉林四省在两个排名中均位列前 5，广东则在两个排名中均位列倒数第 1；另外人均财政支出均衡程度后 5 名均为东部地区省份，从中也可以看出东部地区省内各市人均财政支出差距要显著大于中西部地区省份。

3. 省内财政均等化力度

在各省份的省内财政均等化力度上，宁夏、甘肃、陕西位列前 3，且均位于西部地区；江西、山东、浙江则排在倒数 3 位（见图 6-9）。江西由于省内各市人均财政收入差距本身只有 0.206，省内可进行再次均等化的空间较小，故在省内财政均等化力度排名中靠后。总体上看，省内经济发展水平越不平衡的省份有着更大的省内财政均等化力度，二者显著正相关。

4. 省内基本公共服务差距

省内基本公共服务差距方面，江西、辽宁、黑龙江分列前 3。全部省份中，只有广东和贵州的省内基本公共服务差距高于 0.15，可见各省内地级市的基本公共服务均等化程度较高（见图 6-10）。从差距的绝对值来看，省内基本公共服务的均等化程度与省内各市人均财政支出的均等化程度较为匹配。此外，图 6-11 表明，省内经济发展水平越不平衡，省内基本公共服务水平就越不平衡的现象同样存在。

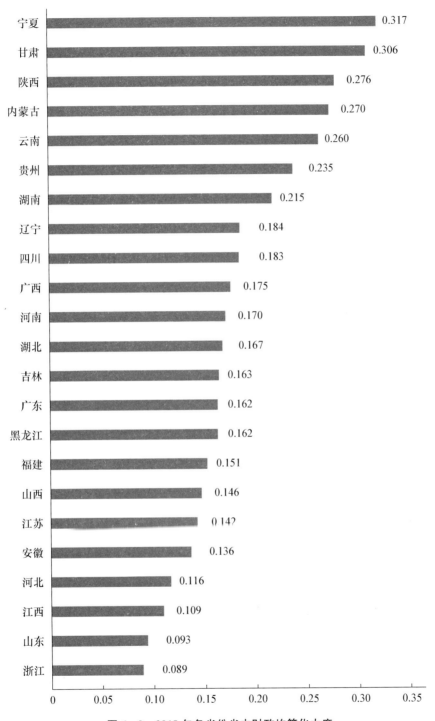

图 6-9 2018 年各省份省内财政均等化力度

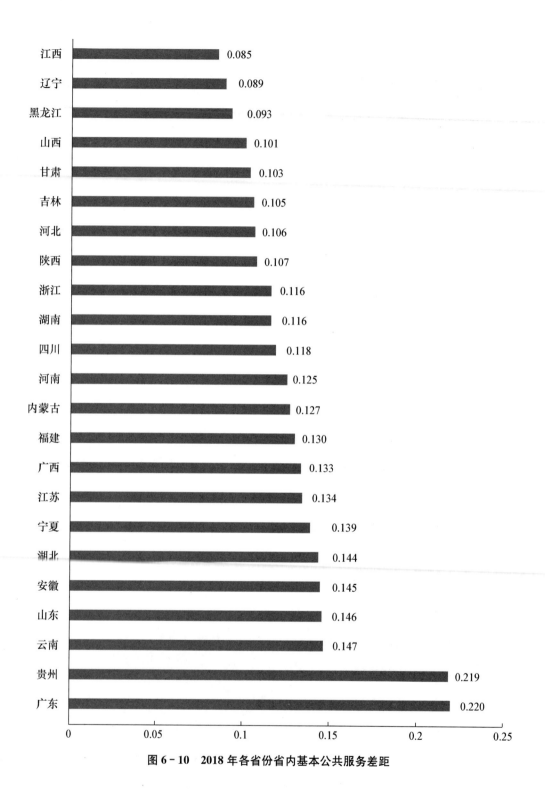

图 6 - 10　2018 年各省份省内基本公共服务差距

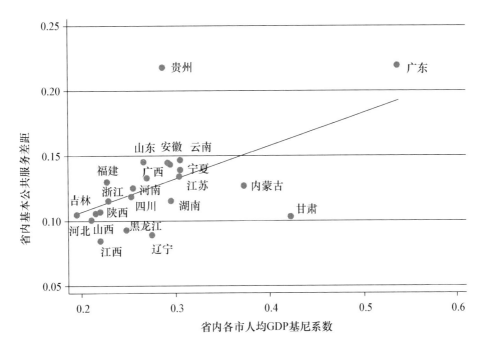

图 6 - 11　2018 年各省份省内基本公共服务差距与人均 GDP 基尼系数的关系

6.2.3　各省份总指数的排名

　　2018 年省内财政均衡性指数各省得分均值为 72.66，得分前 3 名依次为宁夏、黑龙江和甘肃，倒数 3 位分别是山东、福建和广东（见图 6 - 12）。相比之下 2008 年省内财政均衡性指数各省份得分均值仅为 62.91，2018 年全国各省份的财政运行均衡情况相比 2008 年取得了明显进步。

　　具体来看，西部地区省份得分在 2008 年和 2018 年稳步提高，在全部 23 个省和自治区的排位也有明显上升。甘肃、四川、宁夏的 2018 年得分排名相对于 2008 年均前进了 5 名以上，依次上升了 12 名、11 名和 6 名。此外，黑龙江、山西、江西、辽宁、吉林、陕西、河北在两次排名中均位列前 10，保持了较好的省内财政均衡。尽管广东在两次排名中都处在垫底位置，但在得分上仍取得了不小的进步。各省份具体得分及排名情况见表 6 - 2。

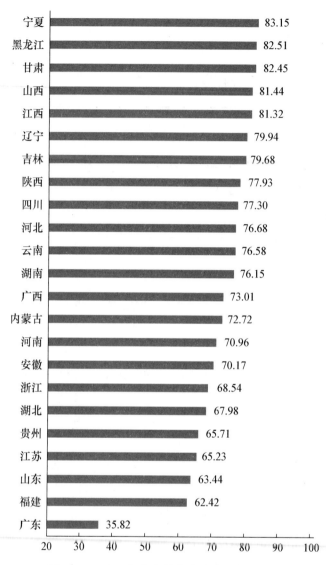

图 6-12 2018 年各省份省内财政均衡性指数

表 6-2 2008 年和 2018 年各省份省内财政均衡性指数得分及排名

排名	年份	省份	指数	年份	省份	指数
1		黑龙江	85.09		宁夏	83.15
2		吉林	80.00		黑龙江	82.51
3	2008	湖南	77.33	2018	甘肃	82.45
4		山西	76.70		山西	81.44
5		河北	72.31		江西	81.32

续表

排名	年份	省份	指数	年份	省份	指数
6		江西	72.25		辽宁	79.94
7		宁夏	70.17		吉林	79.68
8		辽宁	69.34		陕西	77.93
9		内蒙古	68.88		四川	77.30
10		陕西	68.61		河北	76.68
11		浙江	68.41		云南	76.58
12		河南	64.73		湖南	76.15
13		云南	63.96		广西	73.01
14	2008	山东	63.03	2018	内蒙古	72.72
15		甘肃	62.98		河南	70.96
16		湖北	61.87		安徽	70.17
17		广西	61.27		浙江	68.54
18		江苏	55.24		湖北	67.98
19		贵州	51.68		贵州	65.71
20		四川	50.45		江苏	65.23
21		福建	50.12		山东	63.44
22		安徽	48.07		福建	62.42
23		广东	4.49		广东	35.82

6.3　小结与政策建议

近年来，我国省内财政均衡性指数得分呈持续上升的良好态势，其中省内财政均等化力度略有上升，省内各市人均财政收入、人均财政支出和基本公共服务的差距均逐渐减小。横向比较看，西部地区省份省内财政均等化力度最强，中部地区次之，东部地区最弱。相比于中西部地区，东部地区在省内各市人均财政收入与人均财政支出方面更不平衡。东中西部地区在省内基本公共服务的均衡度方面均表现优秀（如图6-6所示）。

本报告建议，在对省内财政运行进行均衡化调节时，应着力于对人均财政支出均衡程度的调节。在近年来经济增速放缓，尤其是2020年新冠肺炎疫情冲击带来经济下行压力的大背景下，我国财政正面临前所未有的挑战。在运用更加积极的财政政策来释放经济活力，实施普惠性减税降费政策的同时，也不可避免会带来地区间人均财政收入的差异化。因此，本报告建议中央及地方政府应强化对于财政资源的再分配力度，对自有财力较弱地区给予更多的转移支付支持，以保障经济"内循环"的可靠基础。此外，无论是在省内还是在全国范围内，保障人均财政支出方面的均衡，都将促进基本公共服务均等化目标的实现，更好地推进和谐社会的建设。

第二篇　城市财政发展指数

第七章 城市财政发展指数

为全面衡量各地级市的财政运行状况，本部分构建了 2018 年城市财政发展指数。城市财政发展总指数由城市财政收入稳健指数、城市财政支出优化指数、城市债务可持续指数、城市基本公共服务指数 4 个方面指数构成。每个方面指数又由若干分项指标构成，共计 20 个分项指标。需要注意的是，由于城市层面的社保基金收支数据不可得，我们无法计算城市层面的社保可持续指数。由于城市内部各个区县的财政收支数据大多不可得，我们也无法计算城市层面的内部财政均衡性指数。

具体而言，城市财政发展指数的具体构成如表 7 - 1 所示：

表 7 - 1 2018 年城市财政发展指数构成一览表

指标名称	指数方向	权重	指标类别	定义
1. 城市财政收入稳健指数		100%	方面指数	
1a 人均财政收入	正向	60%	分项指标	一般公共预算收入/人口
1b 税收收入占比	正向	20%	分项指标	税收收入/一般公共预算收入
1c 大税占比	正向	10%	分项指标	（增值税＋企业所得税＋个人所得税＋营业税）/税收收入
1d 土地财政依赖度	负向	10%	分项指标	土地出让收入/一般公共预算收入
2. 城市财政支出优化指数		100%	方面指数	
2a 人均财政支出	正向	40%	分项指标	一般公共预算支出/人口
2b 教育支出占比	正向	10%	分项指标	教育支出/一般公共预算支出
2c 医疗支出占比	正向	10%	分项指标	医疗支出/一般公共预算支出

续表

指标名称	指数方向	权重	指标类别	定义
2d 社会保障支出占比	正向	10%	分项指标	就业和社会保障支出/一般公共预算支出
2e 科技支出占比	正向	10%	分项指标	科技支出/一般公共预算支出
2f 环保支出占比	正向	10%	分项指标	节能环保支出/一般公共预算支出
2g 行政管理支出占比	负向	10%	分项指标	一般公共服务支出/一般公共预算支出
3. 城市债务可持续指数		100%	方面指数	
3a 显性债务率	负向	50%	分项指标	地方政府一般债券与专项债券余额之和/GDP
3b 隐性债务率	负向	20%	分项指标	地方城投公司的有息债务余额/GDP
3c 广义债务率	负向	30%	分项指标	显性债务率+隐性债务率
4. 城市基本公共服务指数		100%	方面指数	
4a 普通中学师生比	正向	20%	分项指标	普通中学教师数/普通中学在校生数
4b 普通小学师生比	正向	20%	分项指标	普通小学教师数/普通小学在校生数
4c 人均图书馆藏书量	正向	10%	分项指标	公共图书馆藏书量/人口数
4d 人均医生数	正向	20%	分项指标	执业医师数/人口数（每万人）
4e 人均医疗机构床位数	正向	10%	分项指标	医院床位数/人口数（每万人）
4f 道路密度	正向	20%	分项指标	年末实有城市道路面积/人口数
城市财政发展总指数			总指数	城市财政收入稳健指数×0.3+城市财政支出优化指数×0.3+城市债务可持续指数×0.2+城市基本公共服务指数×0.2

7.1 城市财政发展总指数

城市财政发展总指数得分呈现出较大的地区间不平衡，东部地区城市得分显著高于中西部地区城市，位于各区域中心的大城市得分普遍高于周边的中小城市（由于篇幅所限，图 7-1 仅显示部分重点城市的财政发展指数）。

如表 7-2 所示，城市财政发展总指数得分位列前 10 的城市依次为：深圳、上海、北京、克拉玛依、东莞、苏州、厦门、珠海、拉萨、广州。北上广深 4 个一线城市全部进入前 10，其中深圳更是在城市财政收入稳健指数、城市财政支出优化指数、城市债务可持续指数 3 个方面指数得分中均取得全国第一的位置。此外，无锡、杭州、宁波、南京等长三角城市也有较好表现，均进入得分全国前 20。中部地区城市中，武汉、太原、芜湖、合肥、郑州分列前 5。西部地区城市前 5 名分别为克拉玛依、鄂尔多斯、乌海、哈密和榆林。

表 7 - 2　2018 年重点城市财政发展总指数得分情况

排名	地市	总指数得分	排名	地市	总指数得分
1	深圳	79.4	26	威海	53.1
2	上海	68.9	27	芜湖	53.1
3	北京	68.0	28	榆林	53.0
4	克拉玛依	67.5	29	银川	52.8
5	东莞	65.2	30	常州	52.7
6	苏州	62.4	31	嘉兴	52.7
7	厦门	61.4	32	淄博	52.7
8	珠海	60.1	33	合肥	52.3
9	拉萨	59.8	34	惠州	52.0
10	广州	59.5	35	沈阳	51.3
11	无锡	59.2	36	呼伦贝尔	51.0
12	杭州	59.1	37	郑州	51.0
13	中山	58.3	38	乌鲁木齐	50.9
14	鄂尔多斯	57.4	39	长沙	50.9
15	宁波	56.7	40	济南	50.5
16	南京	55.8	41	大庆	50.3
17	东营	55.6	42	晋城	50.3
18	乌海	55.4	43	包头	50.1
19	武汉	55.0	44	镇江	50.0
20	天津	54.9	45	舟山	49.9
21	青岛	54.6	46	绍兴	49.4
22	佛山	54.0	47	马鞍山	49.2
23	太原	54.0	48	扬州	48.7
24	大连	53.7	49	吐鲁番	48.6
25	哈密	53.6	50	烟台	48.5

7.2　城市财政收入稳健指数

　　财政收入是政府履行财政职能、实施公共政策的资金来源，是政府活动的重要资金保障。财政收入的稳健性取决于财政收入的数额与结构。

7.2.1　东中西部地区对比

　　表 7 - 3 显示，我国城市在财政收入方面存在显著的地区间差异，总体上东部

地区明显强于中部与西部地区，其中，中部地区略强于西部地区，二者之间差距不大。具体而言，中西部地区在人均财政收入上与东部地区存在较大差距，东部、中部、西部地区城市人均财政收入的算术平均值分别为 9 128.0 元、3 724.1 元和4 309.2 元。东部地区该指标值最高，约为指标值最低的中部地区的 2.5 倍。

在税收收入占比和大税占比两项上，均呈现东部向西部依次递减的趋势。这意味着相比于东部地区城市，位于中西部的城市的财政收入在结构上更多依赖非税收入（收费、罚没等）以及小税种，财政收入的质量更低，也更加依赖于地方政府的征管力度来获取财政收入。

在土地财政依赖度方面，中部地区对土地出让金的依赖程度最低，平均值为62.0%。相比之下，东部地区城市土地出让金占财政收入的比例最高，达到74.5%。

表 7-3 2018 年东中西部地区城市财政收入稳健指数情况

指标	东部地区	中部地区	西部地区
1. 财政收入稳健指数（分）	53.7	42.3	40.1
1a 人均财政收入（元）	9 128.0	3 724.1	4 309.2
1b 税收收入占比（%）	76.4	67.8	65.7
1c 大税占比（%）	58.3	51.1	49.4
1d 土地财政依赖度（%）	74.5	62.0	70.8

7.2.2 重点城市对比

从全部城市的财政收入稳健指数排名上看，位于各区域中心的城市都表现更好。40 个重点城市中，排在财政收入稳健指数前 10 名的城市有 7 个，排在前 50 名的城市有 28 个。4 个直辖市中上海、北京排在前列，重庆财政收入稳健情况垫底。5 个计划单列市的排名依次为深圳、厦门、宁波、大连和青岛，且均排在重点城市的前 50%。省会城市中杭州、南京、武汉排名靠前，哈尔滨、石家庄、南宁则排在倒数 3 位。总体来看，东部地区重点城市在各项排名中都领跑全国，中西部地区重点城市虽然在人均财政收入和财政收入质量方面与东部有较大差距，但在各自省份内仍位居前列，优于周边中小城市。

重点城市在人均财政收入方面表现最为突出，平均值为 16 918 元，该水平在全部城市的人均财政收入排名中对应第 20 位。但土地财政依赖度方面重点城市则较高，有 11 个重点城市 2018 年的土地出让金收入超过了一般公共预算收入，分别是：济南、杭州、福州、南宁、武汉、佛山、昆明、海口、珠海、郑州、南昌。

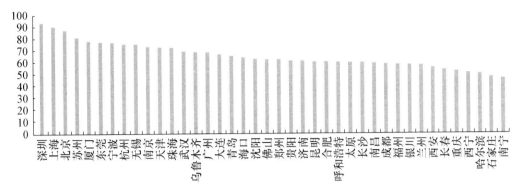

图 7-1 2018 年各重点城市财政收入稳健指数得分比较

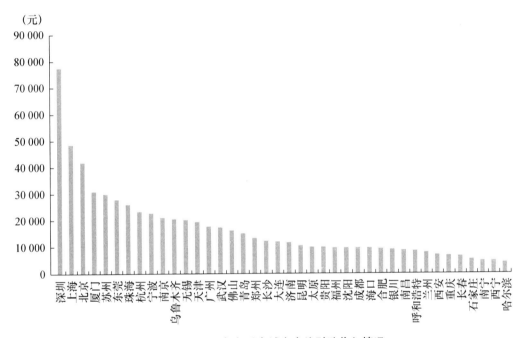

图 7-2 2018 年各重点城市人均财政收入情况

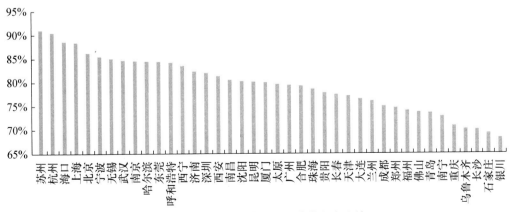

图 7-3 2018 年各重点城市税收收入占比情况

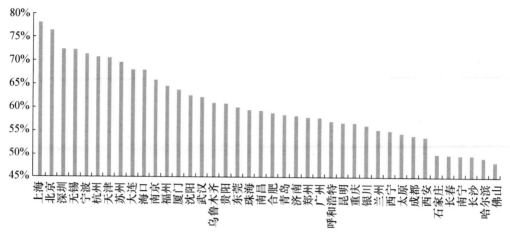

图 7-4　2018 年各重点城市大税占比情况

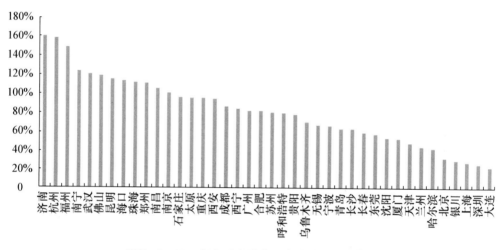

图 7-5　2018 年各重点城市土地财政依赖度情况

7.3　城市财政支出优化指数

7.3.1　东中西部地区对比

表 7-4 显示，我国城市在财政支出方面地区间差异略小于财政收入，总体上东部地区强于西部地区，中部地区垫底。

人均财政支出方面，东部地区与西部地区基本持平，中部地区落后，地理上呈现出"中部凹陷"的特征。东部地区、中部地区、西部地区城市人均财政支出算术平均值分别为 14 065.0 元、9 540.7 元和 13 486.1 元。

教育支出占比同样呈现"中部凹陷"特征，东中西部地区城市教育支出占比分别为17.7%、15.6%、16.8%。相对来说教育资源更加稀缺的中西部地区对于教育投入的占比反而更小，从长期来看这不利于教育资源在全国范围内的均等化。

医疗支出占比方面东中西部地区城市较为一致，中部地区稍高，为9.6%，东部地区与西部地区分别为9.2%、9.3%。

社会保障支出占比上，中部地区最高，为15.5%，东部地区其次，为13.9%，西部地区为12.1%。如前所述，社会保障支出占比高并不一定意味着人民生活的保障体系更加完善，还可能意味着社会保险基金预算存在收支缺口的压力。随着近年来中西部地区年轻人口向东部地区流动，中西部地区人口老龄化问题日益严峻，而这也会加剧中西部地区的社会保障负担。

科技支出占比东部向西部依次递减，东中西部地区城市的算术平均值分别为2.5%、1.9%和0.9%。

环保支出占比东中西部地区大致相同，分别为3.1%、2.9%、2.8%。

行政管理支出占比上西部地区整体最低，为8.9%，中部地区略低于东部地区，两者分别为9.4%和9.7%。

表7-4 2018年东中西部地区城市财政支出优化指数情况

指标	东部	中部	西部
2. 财政支出优化指数（分）	36.1	32.1	33.5
2a 人均财政支出（元）	14 065.0	9 540.7	13 486.1
2b 教育支出占比（%）	17.7	15.6	16.8
2c 医疗支出占比（%）	9.2	9.6	9.3
2d 社会保障支出占比（%）	13.9	15.5	12.1
2e 科技支出占比（%）	2.5	1.9	0.9
2f 环保支出占比（%）	3.1	2.9	2.8
2g 行政管理支出占比（负向指标）（%）	9.7	9.4	8.9

7.3.2 重点城市对比

位于各区域中心的重点城市，在财政支出优化指数中依旧表现出色。排在财政支出优化指数前10名的城市有8个，在前50名的有23个。4个直辖市均位列前50名，北京、上海分列第2名和第3名，天津第11名，重庆第49名。5个计划单列市的排名依次为深圳、厦门、宁波、大连和青岛，与城市财政收入稳健指数的排位相同。省会城市中广州、杭州、武汉排名靠前，成都、长春、南宁排在倒数3位。总体上，东部地区重点城市依旧优势明显，中西部地区重点城市相对省内其他城市得分排名靠前。

重点城市的人均财政支出算术平均值为22 631元，该水平在全部城市人均财政支出的排名中对应第24位。在教育支出占比、医疗支出占比和社会保障支出占比上，重点城市大多排在后50%。科技支出占比方面重点城市再次领先，平均为3.95%。而在环保支出占比和行政管理支出占比上，重点城市与其他城市大致相同。

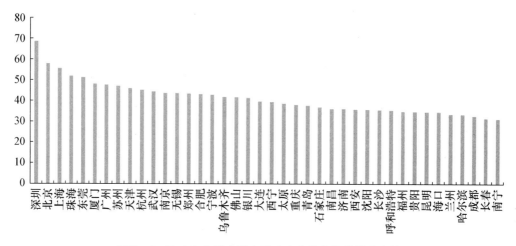

图7-6 2018年各重点城市财政支出优化指数得分比较

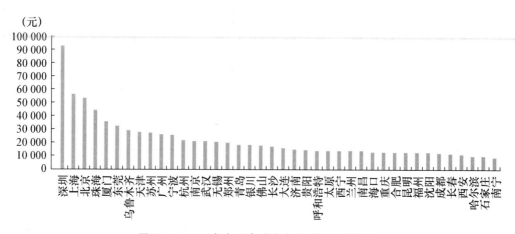

图7-7 2018年各重点城市人均财政支出情况

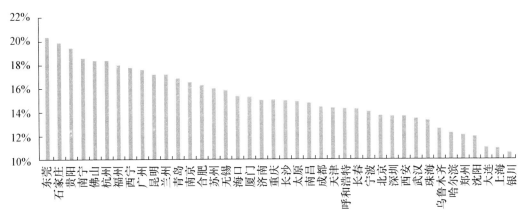

图7－8　2018年各重点城市教育支出占比情况

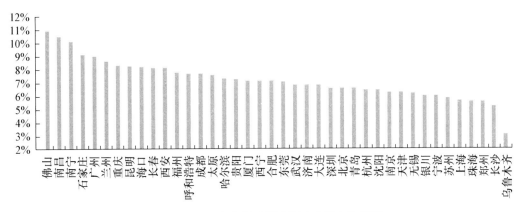

图7－9　2018年各重点城市医疗支出占比情况

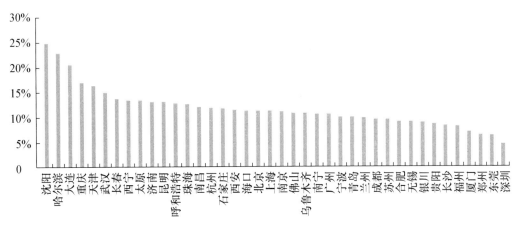

图7－10　2018年各重点城市社会保障支出占比情况

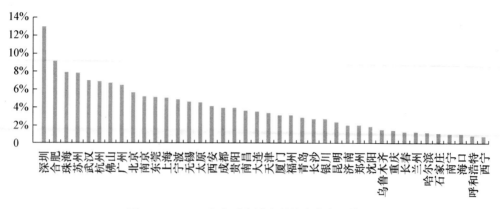

图 7 - 11　2018 年各重点城市科技支出占比情况

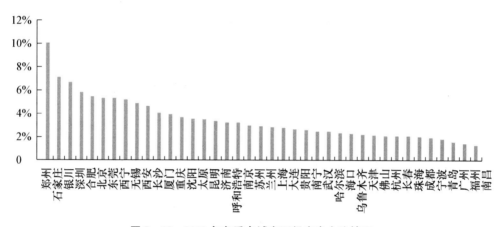

图 7 - 12　2018 年各重点城市环保支出占比情况

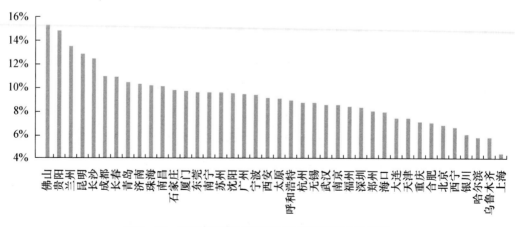

图 7 - 13　2018 年各重点城市行政管理支出占比情况

7.4 城市债务可持续指数

7.4.1 东中西部地区对比

如表7-5所示,总体上我国中部地区城市的债务可持续性最强,东部地区次之,西部地区垫底。各分项指标上,都大致呈现出中部地区强于东部地区又强于西部地区的特征。东中西部地区城市的显性债务率分别为19.2%、16.1%、23.4%,隐性债务率分别为21.6%、22.0%、24.4%。广义债务率则是前两项指标的加总,三个地区的城市均值分别为40.8%、38.2%、47.8%。在东中西部地区层面上,每个地区的隐性债务均多于显性债务。尽管2014年修改的《预算法》为地方政府债务融资"开前门,堵后门",但可以看到整体上地方政府债务还是以隐性债务居多,化解地方政府债务风险还有很长的路要走。

表7-5 2018年东中西部地区城市债务可持续指数得分及分项指标情况

指标	东部	中部	西部
3. 债务可持续指数(分)	77.1	79.4	69.7
3a 显性债务率(%)	19.2	16.1	23.4
3b 隐性债务率(%)	21.6	22.0	24.4
3c 广义债务率(%)	40.8	38.2	47.8

7.4.2 重点城市对比

重点城市在债务可持续方面表现不佳。排在债务可持续指数得分前50名的城市仅有深圳、东莞和佛山,排在50名到100名的重点城市也仅有苏州、青岛、无锡、长沙、银川、上海、合肥。值得注意的是,倒数10名的城市中有4个重点城市,分别为贵阳、昆明、南宁、兰州,均为西部地区的省会城市。4个直辖市除上海位列全国前50%外,天津、北京、重庆的排名均在倒数50名左右。5个计划单列市的排名依次为深圳、青岛、厦门、宁波、大连。省会城市中长沙、银川、合肥、广州相对排名靠前。整体看,东部地区、中部地区重点城市表现稍好,西部地区重点城市无论是在全国范围看,还是相对省内其他城市而言,都面临更大的债务压力。

重点城市的显性债务率的算术平均值为19.0%,在全部城市排名中处于后一半的水平。重点城市的隐性债务率的算术平均值为65.5%,位居全国排名垫底位置。

全国城市中隐性债务率最高的 10 个城市均为重点城市。

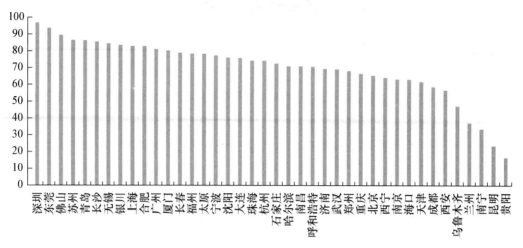

图 7 - 14　2018 年各重点城市债务可持续指数得分比较

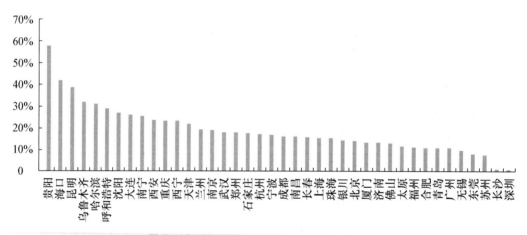

图 7 - 15　2018 年各重点城市显性债务率情况

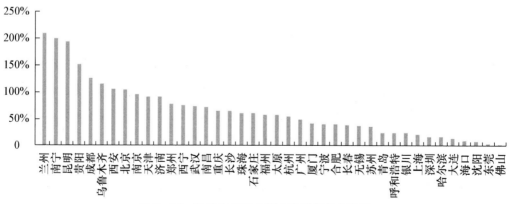

图 7 - 16　2018 年各重点城市隐性债务率情况

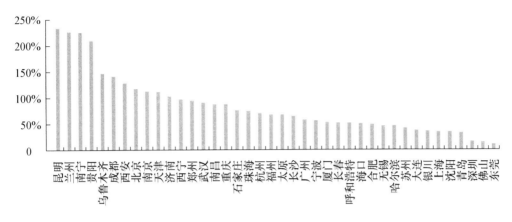

图 7 - 17 2018 年各重点城市广义债务率情况

7.5 城市基本公共服务指数

7.5.1 东中西部地区对比

我国东部地区城市的基本公共服务指数得分最高，西部略强于中部。

如表 7 - 6 所示，在各分项指标上，除普通小学师生比指标外，其他指标得分均呈现出与方面指数相同的"中部凹陷"特征。在基本教育供给方面，从普通中学师生比和普通小学师生比两项指标来看，东中西部地区差异不明显。而在文化生活服务上，东部地区城市的人均图书馆藏书量为 1.09 册，是垫底的中部地区的两倍以上。在医疗服务中，人均医生数方面东部地区优势非常明显，每万人拥有医生30.69 人，而中西部地区则分别为 23.34 人、24.24 人；人均医疗机构床位数上，东部地区城市仍占优，东中西部地区每万人拥有床位数分别为 50.36 张、45.09 张、47.07 张。在反映城市基础设施建设水平的人均实有城市道路面积指标上，东中西部分别为 6.54 平方米、3.91 平方米、5.06 平方米。

表 7 - 6 2018 年东中西部地区城市基本公共服务指数及分项指标情况

指标	东部	中部	西部
4. 基本公共服务指数	22.91	18.10	19.60
4a 普通中学师生比	0.09	0.08	0.08
4b 普通小学师生比	0.06	0.06	0.06
4c 人均图书馆藏书量	1.09	0.47	0.63
4d 人均医生数（每万人）	30.69	23.34	24.24

续表

指标	东部	中部	西部
4e 人均医疗机构床位数（每万人）	50.36	45.09	47.07
4f 人均实有城市道路面积	6.54	3.91	5.06

7.5.2 重点城市对比

　　重点城市在基本公共服务指数得分方面表现出色。排在全国城市得分前 10 名的城市有 6 个，前 50 名的城市有 23 个。4 个直辖市中，北京、上海、天津依次位列前 50，重庆由于教育、医疗方面的公共服务人均水平较低，排在所有重点城市中最后 1 位。5 个计划单列市的排名依次为深圳、厦门、大连、青岛、宁波。省会城市中太原、广州、乌鲁木齐、南京、杭州相对排名靠前。整体看，东部地区重点城市整体更优，中西部地区重点城市尽管稍稍落后，但相对省内其他城市而言，仍在基本公共服务方面表现更好。

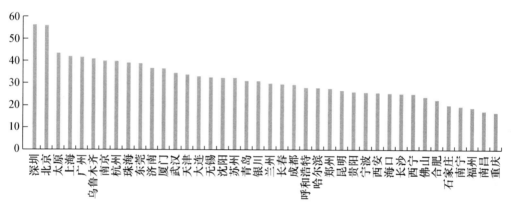

图 7-18　2018 年各重点城市基本公共服务指数得分比较

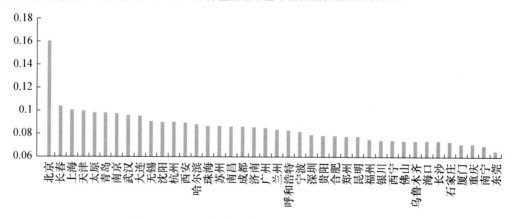

图 7-19　2018 年各重点城市普通中学师生比情况

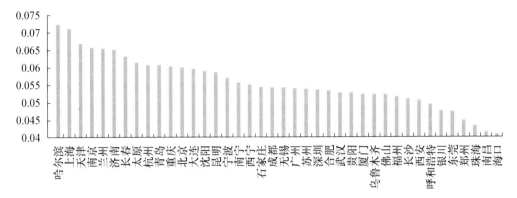

图 7 - 20　2018 年各重点城市普通小学师生比情况

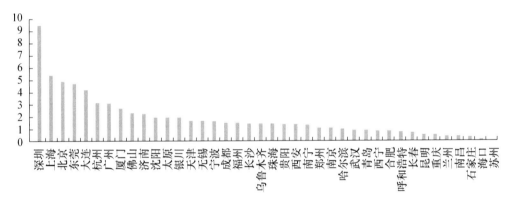

图 7 - 21　2018 年各重点城市人均图书馆藏书量情况

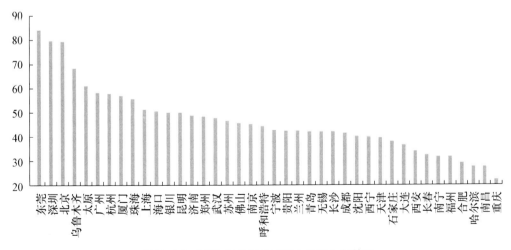

图 7 - 22　2018 年各重点城市人均医生数情况

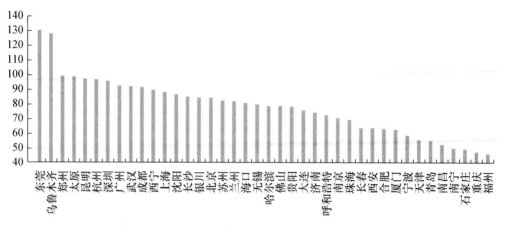

图 7-23　2018 年各重点城市人均医疗机构床位数情况

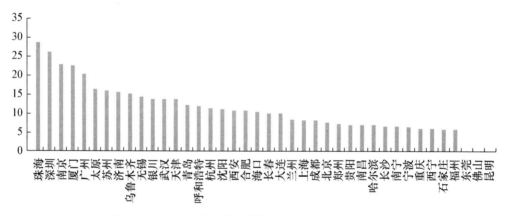

图 7-24　2018 年各重点城市人均实有城市道路面积情况

7.6　小结

本部分从财政收入、财政支出、债务可持续、基本公共服务 4 个维度全面衡量了中国各地级市的财政发展情况。总览各地级市城市财政发展指数得分情况，有如下特征：

1. 大城市拥有更加丰富的财政资源

大城市经济发达，有着更高的人均 GDP、人均财政收入和人均财政支出，负债水平也远超中小城市，并且在基本公共服务提供方面也做得更好。北上广深 4 个一线城市在各方面指数得分中均名列前茅，其他重点城市（直辖市、副省级市、省会城市）也有不错的表现。

2. 东部地区城市财政发展水平更高

城市财政发展水平呈现空间上的不平衡性。总体来看，东部地区城市财政发展指数显著高于中西部地区城市。在财政收入方面，人均财政收入从东部沿海地区向中西部内陆地区依次降低。政府债务方面，中部地区城市的负债水平更低。而在财政支出和基本公共服务上，城市得分均呈现出"中部凹陷"的特征，即东部最强、西部次之、中部垫底。

3. 珠三角城市群城市表现优秀

作为中国开放程度最高、经济活力最强的城市群之一，珠江三角洲城市群在财政发展水平方面也领先于全国。在本报告统计的 14 个城市群中，珠三角在总指数以及财政收入稳健指数、财政支出优化指数、债务可持续指数 3 个方面指数排名中均位列第一。

第三篇　促进我国财政发展的政策建议

第八章　财政收入开源面临的挑战

当前，在减税降费和经济下行的双重压力下，我国面临日益加大的财政收支矛盾和债务不断累积的财政运行风险，财政收入开源和财政支出节流是两个应对选项。本报告认为，财政收入开源面临如下挑战：

8.1　依靠加税增费开源有悖改革初衷

开源的空间不大，如果通过加税增费来开源，有悖于供给侧结构性改革降低企业成本的初衷，也不符合当前宏观调控中积极的财政政策取向。国际经验也表明，通过加税来弥补财政赤字，通常会导致更大的经济衰退和更高的财政赤字。

此轮减税降费中，清理政府收费项目，降低政府收费数额，是改革的重要方面。需要特别注意的是，相比于收税，收费通常具有不固定性，较低层级的政府部门也可以设立收费名目，因此以往收费通常是各级政府财政收入紧张时增加财政收入的一个渠道。但是，由于各类费用的收取没有相应规范的法制基础，收入具有波动性，不能为财政收入增长提供长期稳定的支持，而且轻易增加费类收入，不利于财政收入体系格局的规范化，也不利于现代财政体系的建设。今后一段时间，需要特别防止政府收费项目"死灰复燃"。

8.2　国际税收竞争加剧，未来有继续减税的压力

近年来，国际税收竞争越来越激烈，一些国家（地区）通过大幅度降低税率的方式去吸引投资，或者吸引高端人才。在这一背景下，如果我国税负大幅度高于国

外，那么将导致大幅度的投资外流。下面我们将我国企业所得税、增值税与个人所得税税率进行国际排序，从中可见，近年来各国的企业所得税税率下降较为明显，个人所得税最高档税率也呈下降趋势。同其他国家（地区）相比，我国企业所得税和个人所得税税率处于较高位置，不利于吸引外商来华投资，也不利于吸引高科技人才。在日益激烈的国际税收竞争下，我国势必将进一步减税，这或将进一步加大我国的财政收支矛盾。

8.2.1 中国企业所得税率日益缺乏竞争性

图8-1是2007—2019年中国企业所得税率按照从低到高次序的全球排名。2008年，中国企业所得税由33%降为25%之后，国际排名从第112名大幅度提升至53名；而2008年到2019年之间，在中国企业所得税保持25%不变的情况下，由于其他很多国家纷纷降低税率，中国的排名随之不断靠后，目前已后移至第85位。

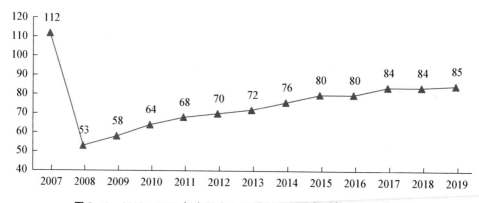

图8-1　2007—2019年中国企业所得税税率排名（从低到高排序）

数据来源：毕马威和安永的全球税务报告。

企业所得税下调幅度较大的代表性国家包括：埃及、丹麦、芬兰、哈萨克斯坦、韩国、马来西亚、美国、挪威、葡萄牙、瑞典、泰国、文莱、西班牙、意大利、英国、越南等。具体而言，代表性国家企业所得税减税幅度如下：埃及企业所得税率在2011年由20%升为25%，2014年开始降为22.5%；丹麦企业所得税率于2014年由25%降为24.5%，次年再降为23.5%，从2016年至今保持22%的税率；芬兰企业所得税于2012年由26%降为24.5%，2014年又降为20%；哈萨克斯坦企业所得税于2008年由30%降为20%；韩国企业所得税于2008年由25%降为22%，再于2017年重新升为25%；马来西亚企业所得税于2008年由27%降为26%，次年再降至25%，2015年下调至24%；美国企业所得税于2018年由35%降为21%；

挪威企业所得税于 2014 年由 28％降为 27％，2016 年降为 25％，之后每年下调一个百分点；葡萄牙企业所得税于 2014 年由 25％降为 23％，次年再降至 21％；瑞典企业所得税于 2009 年由 28％降为 26.3％，再于 2013 年降为 22％；泰国企业所得税于 2012 年由 30％降为 23％，次年再降至 20％；文莱企业所得税于 2009 年由 30％降为 25.5％，次年降至 23.5％，2011 年再降至 18.5％；西班牙企业所得税于 2015 年由 30％降为 28％，次年再降至 25％；意大利企业所得税于 2015 年由 31.4％降为 27.5％，次年再降至 24％；英国企业所得税于 2009 年由 30％降为 28％，再于 2011 年降为 26％，又于 2014 年降为 21％，2015 年再降为 20％，2017 年降至 19％；越南企业所得税于 2009 年由 28％降至 25％，再于 2014 年降至 22％，2016 年降为 20％。

8.2.2　中国增值税税率已相对较低

图 8-2 是 2007—2019 年中国增值税率按照从低到高次序的全球排名。2007 年到 2017 年之间，在中国增值税率保持 17％不变的情况下，由于一些国家下调了增值税税率，我国增值税率排名也随之不断靠后。2018 年，中国增值税率由 17％降为 16％，2019 年再降至 13％，这两年内中国排名都有显著上升。

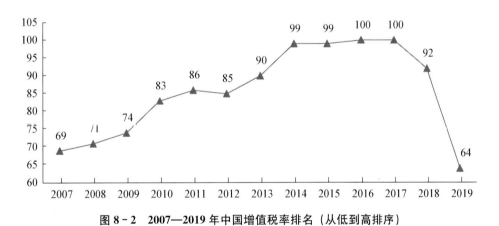

图 8-2　2007—2019 年中国增值税率排名（从低到高排序）

数据来源：毕马威和安永的全球税务报告。

事实上，由于企业所得税的税负主要落在资本上，各国通常就是通过降低企业所得税的方法来吸引外商投资。又由于增值税是对国内消费征税，因此外商投资通常不会对增值税率差异做出反应。一个鲜活的例子是，过去 20 年，随着欧盟一体化程度的提高，欧盟各国的企业所得税有效税率平均下降了近 10 个百分点，但是平均增值税率上升了 1.5 个百分点，以弥补所得税收入的下降。因此，随着全球化的深入，企业所得税筹集收入的贡献下降，增值税筹集收入的贡献上升。近年来，特朗普税改方案大幅度降低美国企业所得税的税率，英国紧随其后，将税率也大幅度下调，国际对资本的税率竞争愈演愈烈，在国际竞争压力下，未来我国企业所得税可能也不得不再次下调。

8.2.3 中国个人所得税税率居于全球较高水平

图 8-3 是 2007—2019 年中国个人所得税最高档税率在全球的排名。在我国个人所得税最高档税率保持 45% 不变的情况下，由于一些国家（地区）下调了个人所得税最高税率，我国的排名也随之不断靠后，现居第 139 位，在全世界当中属于税率较高的国家之列。

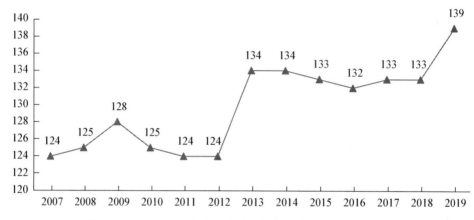

图 8-3 2007—2019 年中国个人所得税最高档税率在全球排名

数据来源：毕马威和安永的全球税务报告。

在此期间进行了较大幅度个人所得最高档税率调整的代表性国家包括：爱尔兰、法国、卢森堡、南非、葡萄牙、斯里兰卡、西班牙、英国等。以一些具体的国家为例：爱尔兰个人所得税率于 2009 年由 41% 升为 46%，次年再升为 47%，2011年升至 48%；法国个人所得税率于 2010 年由 40% 升为 41%，再于 2012 年升为45%；卢森堡个人所得税率于 2011 年由 39% 升为 42%，于 2013 年升为 43.6%，再于 2017 年升为 48.78%；南非个人所得税率于 2016 年由 40% 升为 41%，次年再升至 45%；葡萄牙个人所得税率于 2010 年升为 45.9%，次年升至 46.5%，2013 年再升为 48%；西班牙个人所得税率于 2011 年由 43% 升为 45%，次年升至 52%，2015 年降至 47%，次年再降至 45%；英国个人所得税率于 2010 年由 40% 升为50%，2013 年降为 45%。

8.3　提高国企分红面临天花板

提高国有企业利润上缴比例，是近两年财政收入开源的另一项举措，而且也被寄予了缓解社保收支压力的厚望。图 8 - 4 显示，2018 年国有企业（不含国有金融企业）净利润总额是 24 654 亿元，但上缴国有资本经营预算仅有 2 900 亿元，占比仅为 11.76%。但在 2 900 亿元当中，实际仅有 754 亿元调出到公共财政预算，调出率为 26%。剩余的 74% 仍然由国资委分配，以支持国有企业做大做强的名义，返还给了国有企业。

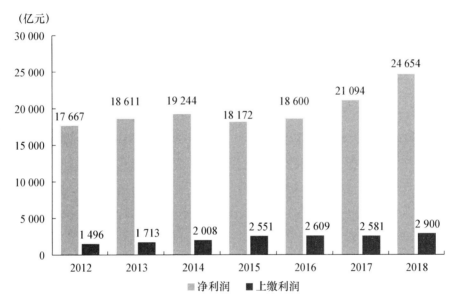

图 8 - 4　国有企业净利润总额和上缴利润（不含国有金融企业）

资料来源：Wind 数据库。

随着我国国有企业改革工作的不断推进，国有企业的利润额逐年攀升，提高国有企业利润上缴比例是财政收入开源的渠道之一。但是，国有企业利润上缴比例的提高，不利于国有资本的保值增值，同样面临着天花板和可持续性的问题。提高国有企业分红比例，等价于政府向国有企业利润征收了另一道税。例如，强制要求国有企业按 30% 分红，那么国有企业利润除了缴纳 25% 的所得税之外，加上税后利润 30% 的分红率，两项合计意味着国有企业利润面临 47.5% 的税率。过高的利润上缴比例必然降低国有企业投资的积极性，影响国有资本保值增值，最终也无法实现国有企业分红金额的提升。当前，过高的国有企业分红率，也与短期内稳定宏观经济的目标是冲突的。特别是部分国有企业缺乏对市场的灵活应变能力，还承担了一些"企业办社会"的历史责任，在经济减速成为新常态的情况下，这些企业难以通过自身能力变革发展，增加上缴利润只会使国有企业经营困难雪上加霜。

8.4 土地财政难以延续高增长态势

国有土地使用权出让收入是地方全口径财政收入的重要组成部分。近年来，随着减税降费导致地方公共财政预算收入增速放缓，地方政府对土地出让收入的依赖进一步增大。在今后一段时间，土地出让收入仍然是地方财政收入的重要组成部分，但是我们判断，土地出让收入难以延续过去高增长的态势，从而进一步加剧地方财政收支矛盾。主要原因有以下三点：

第一，政府对房地产市场的调控限制了土地出让收入高增长。我国房地产市场与土地供应市场之间存在着长期的均衡关系，商品房价格中土地价格的贡献率已经超过了60%。2017年主要城市严格实施房地产调控以来，房地产价格较为稳定。由 Wind 数据库中的百城住宅平均价格来看，自 2017 年起，无论一线城市还是二、三线城市，住宅平均价格增长趋势都显著放缓，基本维持在一个较稳定的水平。与房价稳定相联动，土地价格也相对稳定，地方政府将难以通过抬升地价去获得更多土地出让收入。习近平总书记在十九大报告中进一步强调了"坚持房子是用来住的、不是用来炒的定位，加快建立多主体供给、多渠道保障、租购并举的住房制度"。2019 年 7 月份银保监会针对房地产业务规模急剧膨胀、增量过大的信托公司开展了约谈警示，这表明房企融资渠道将被进一步约束。未来，在坚持"房住不炒"、不将房地产作为短期刺激经济的手段的大背景下，政府依靠卖地取得的收入会进一步下降。

第二，未来城镇化速度将逐步放缓，土地市场上对新出让土地的需求下降。我国的常住人口城镇化率经历了 1980—2012 年的长期快速增长，每年大约增长 1%（见图 8-5）。但从图 8-6 所反映的美日韩等国家的城市化进程中也可以得出经验，当城市化率超过 60% 之后，城市化率的增长速度会显著减慢。按照这一规律，2018 年之后，若我国常住人口城镇化率突破 60% 大关，城镇化速度会逐步减缓。特别是至 2028 年左右，我国常住人口城镇化率预计将达到 70%，城镇化速度还将进一步放缓，每年新增进城人口减少，市场对于新增土地出让需求减少。届时城市建成区的外延性扩张也将放缓，住房交易将逐渐进入"存量房"的时代，地方政府依靠土地出让收入获取财政收入的空间也进一步缩小。

第三，区域间横向比较的话，由于西部、东北地区人口流入较少，房价与地价较低，西部省份的土地出让收入金额相对较小，这些地区依靠土地出让收入开源面临着更大的难度。

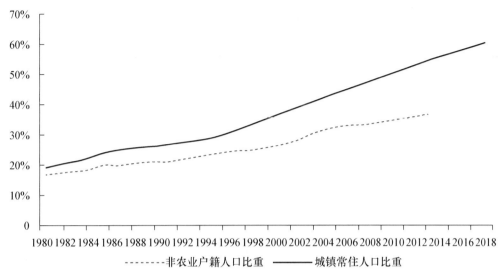

图 8 - 5　中国户籍城镇化率和常住人口城镇化率

数据来源：历年《中国统计年鉴》。

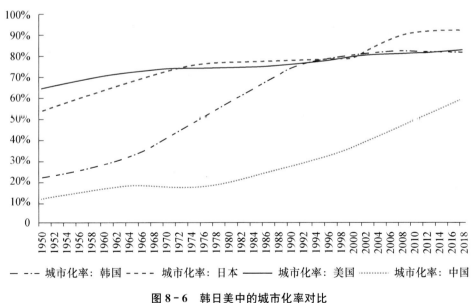

图 8 - 6　韩日美中的城市化率对比

数据来源：世界银行世界发展数据库。

8.5 "调节性财力"难以为继

为应对减税降费带来的财政收支矛盾，近两年采取的主要开源举措包括盘活财政存量资金、从预算稳定基金调入、增加国有企业利润的上缴、盘活各类国有资产（资源）。其中盘活财政存量资金、从预算稳定基金调入属于"调节性财力"。

近年来公共财政预算当中，调入资金和使用结转结余资金的数额迅速增长。2014 年还不足 1 000 亿元，2015—2018 年相继达到 8 055 亿、7 271 亿、10 139 亿、14 773 亿元。调入资金和使用结转结余资金，主要来自盘活财政存量资金、从预算稳定基金调入、从政府性基金预算和国有资本经营预算调入等方面。但财政各类结余资金及调入资金面临的最大问题是不可持续，近四年已经使用逾 5 万亿元，未来可使用数额必然不乐观。

财政存量资金的主体是年末结转结余资金。2014 年末出台的国办发〔2014〕70 号文显示，盘活财政存量资金工作已经取得了积极的成效，但也意味着继续盘活的余地已经越来越小。此外，以结余结转和调入资金（以下简称"结调资金"）弥补财政赤字还可能存在一些问题。例如，我国现行《预算法》还不够完善，部分结调资金收入与支出的相关规定不够详尽，缺乏严格的法律约束，不符合我国预算体系法治化建设的要求。而且各级政府的相关配套制度也不完善，不能很好地实现预算监督与审查，降低了资金使用效率。同时，结调资金的来源结构不尽合理，其主要来源是政府性基金盈余，由于政府性基金预算来源于土地出让收入，具有波动性和脆弱性，因此结调资金的稳定与可持续性也略有不足。

因此，调节性资金存在着规模有限、效率难以保障、稳定性较差等缺陷与挑战，难以担当开源的重任。

第九章 对我国近期财政政策取向的建议

9.1 我国财政政策的总体思路

课题组认为，当前我国财政政策的总体取向应为：总量积极、结构优化、适时启动财政整顿。

9.1.1 坚持积极的财政政策

在中美经贸摩擦和新冠肺炎疫情冲击的背景下，我国宏观经济面临外需缩减和内需疲软双重压力，因此在短期内（1～2年）应当继续采取积极的财政政策，而且在力度上应更为积极：应该适当提高财政赤字目标，突破3%的赤字率限制，同时增加地方政府专项债额度。

9.1.2 优化财政支出结构

采取积极的财政政策在总量上扩张，但也不应是大水漫灌，而应该提质增效，提高财政资金使用效益，优化财政支出结构。

首先，旧基建和新基建同时发力。推进5G基站、物联网、互联网、数据中心、智能计算中心等新基建，实现提速降费，提供低成本的云计算服务，为相关产业提供基础保障。在旧基建上，应继续完善城市群内的交通基础设施互联互通，促进资源在城市群内的高效流动与配置，同时加大和"一带一路"沿线国家的互联互通，助力对外开放。

其次，加大社会保障支出，促进社会公平。过去二十年，我国社会保障制度不断完善，逐步建立了覆盖城乡的养老保险和医疗保险制度。但是与发达国家相比，我国社会保障仍然有诸多的不完善之处，包括农村的保障水平较低、低保等社会救济保障水平低、失业保险保障水平低等。因此，在未来，财政需要进一步加大社会保障方面的支出，加大财政的收入再分配职能，促进社会公平。

9.1.3 适时启动财政整顿

更需要注意的是，积极的财政政策应对的是短期宏观经济的波动。根据经济周期的一般规律，我们相信，中国经济终究会走出低谷期。随着国际国内双循环体系的完善，经济结构的不断调整，内需比例的逐渐上升，我们对外需的依赖度会降低，外需的冲击也将会慢慢缓解。在中长期，我国经济走向复苏后，我们认为，应该及时进行财政政策取向的转换。不宜将3%以上的赤字率常态化，应该建立有纪律的债务上限和赤字上限机制。而且届时，应该逐渐采取有效的财政整顿，通过开源节流即增加收入或者缩减支出的方式，去修复财政赤字，逐步化解政府债务。

9.2 适当提高财政赤字率，提高地方专项债额度

为应对当前艰巨的经济下行压力，积极的财政政策应该加强逆周期调节，可适当扩大赤字率，突破3%的限制。从1998年实施积极财政政策以来，我国一直严守赤字率3%这条红线。但是3%赤字率警戒线，是欧盟《马斯特里赫特条约》规定的欧盟成员国应该力守的红线，实际上并不具有严格约束力；也并不意味着，一国赤字率一旦超过3%，立即就会出现财政危机。目前，欧盟国家当中有很多赤字率都超过了3%。2008年金融危机爆发后，很多国家的赤字率甚至达到了10%。所以，课题组认为，在经济下行压力大，需要财政政策发力时，不需要刻板地守3%这一红线。

事实上，面对外部冲击时，各国政府均面临着经济风险与财政风险的权衡，既不能为降低经济风险而忽视财政风险的升高，也不能为追求财政平衡导致更大经济危机的爆发。在财政的可持续发展空间内，坚持底线思维，以适当的财政风险换取经济风险才是财政充分发挥经济稳定职能的关键之举。从历史经验也可以看到，面对外部冲击时，短期内提高财政赤字率的做法是可行且有效的。例如，亚洲金融危机期间，为应对出口恶化和投资走弱，我国赤字率首次突破1%；2008年世界金融危机期间，我国出台了4万亿经济刺激计划。这些措施的实施均有力地促进了经济的恢复和增长，而未对长期财政可持续性带来严重影响。实际上，从债务存量水平

上看，我国目前还存在一定的空间进一步扩大财政赤字。我国当前中央与地方政府债务余额合计达 34 万亿元，2019 年债务占 GDP 的比例（简称债务率）为 38%，远低于欧盟《马斯特里赫特条约》提出的 60% 警戒线水平。而且从走势上看，2014 年至今我国政府债务率没有明显上升，一直稳定在 37%～38% 上下（见图 9-1）。显示出由于我国 GDP 增长仍较为强劲，即使政府债务余额绝对数额增幅较大，但是用债务余额与 GDP 衡量的债务率实际上升并不明显。这也说明，保持经济的平稳增长，也是有助于化解政府债务率的重要基础。

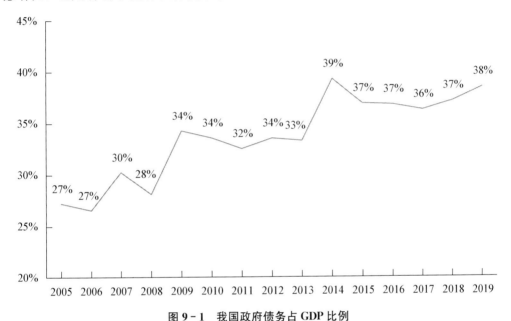

图 9-1　我国政府债务占 GDP 比例

数据来源：历年中国财政年鉴与统计年鉴。债务是中央国债余额、地方政府一般债券余额、地方政府专项债券余额之和，不含地方政府隐性债务。

　　当然上述数字仅仅包括中央国债和地方显性债务，数额庞大的地方隐性债务没有明确的数字。根据太平洋证券肖立晟和袁野（2019）的估算，地方隐性债务规模约为 38 万亿元。因此将隐性债务计入的话，我国债务率达到 78%，确实超出了 60% 的传统警戒线水平。但与 3% 赤字率一样，60% 的债务率也并不是金科玉律，不必刻板死守。在经合组织成员国中，有 2/3 的国家债务率都超过了 60%。财政政策极度保守的德国债务率也达到了 79%，美国债务率达到 137%，日本更高达237%。如果货币政策保持宽松，政府债券发行利率较低，那么政府就能以较低的成本借债。事实上，日本债务率相当高，却没有发生偿债危机，很重要的一点原因就是日本的利率长期接近于零，发债成本极低，因此政府可以不断地借新债还旧债。还应该注意的是，与发达国家债务主要是用于社会福利发放不同，我国地方政府的隐性债务，有相当一部分是形成了具有营利性的基础设施项目，这些项目尽管回报周期长，但是仍然具有一定的自我偿还能力。

9.3　启动财政整顿措施

从 2015 年至今，我国进行了史无前例的连续性大规模减税，财政收入增速大幅度放缓，与此同时，在持续的积极的财政政策取向下，财政支出增速并未明显放缓，因而导致我国政府的赤字率近年来不断上升。通过扩张财政赤字，实施积极的财政政策，是应对短期宏观经济下行压力的重要工具。但是值得注意的是，连续多年的政府赤字终究会形成债务的累积，过高的政府债务也会产生多方面的不利影响，因此当中长期经济复苏后，需要进行大力度的财政整顿。

具体而言，政府举债过度会产生如下不利影响：

第一，债务规模庞大，政府债务偿还风险提高，将影响财政运行的稳定性。政府债券交易是金融市场上一个重要的组成部分，因此财政运行的稳定性与金融市场稳定性、宏观经济的稳定性高度关联，因而债务过高与"防范化解各领域重大风险"的目标相违背。地方政府隐性债务违约影响投资者对政府信用的判断，影响市场基准利率与商业贷款利率的确定，不利于金融市场稳定，易诱发债务违约带来的市场风险。

第二，财政资金支付债务利息的负担沉重。2016—2019 年债务利息支出占财政支出的比重逐年递增，分别为 2.66%、3.04%、3.32%、3.50%。2020 年前五月累计债务付息支出占财政支出的比重已达到了 3.77%，如果债务规模继续扩大，该比例会在 3～5 年内继续攀升，2025 年可能超过 5%。若不加以控制，债务利息支出将在绝对规模上超过科学技术支出，从而挤占政府民生性、保障性支出。

第三，政府债务偿还压力可能"绑架"货币政策。为按期偿还政府债务，中央银行不得不实行宽松的货币政策，征收"铸币税"以降低政府的发债成本和还债成本，货币政策独立性丢失，政策空间缩小。

第四，政府支出对私人部门投资具有挤出效应。传统财政政策理论指出，财政支出扩张尽管在短期内有效刺激总需求增加，但是货币资金的使用会抬高名义利率，投资项目占用更多劳动力、土地等资源，从而挤出私人部门的投资。

第五，政府支出对私人部门消费具有挤出效应。政府债务规模扩大，使得李嘉图型个体产生悲观预期，即政府未来将通过增加税收来偿还债务，个体预期其未来收入减少，因此当期不得不缩减开支以平滑消费，这使得原本大规模的消费刺激计划无法达到预期效果，对宏观经济的刺激作用较低。

第六，软化预算约束，不利于预算管理改革的推进。债务规模导致预算软约束问题加重，政府缺乏动力削减财政支出和（或）增加财政收入改善预算平衡状况，各部门的财政纪律容易松弛，导致财政资金使用效率进一步恶化。在缺乏资金约束的情况下，推进预算管理改革更成为奢谈。

因此，为了控制财政赤字规模，防止政府债务负担率（债务余额占 GDP 比例）明显上升，政府需要着手实施财政整顿措施，制定一揽子开源和（或）节流方案，改善公共财政的可持续性，以结构性收支调控化解政府债务风险。

第十章 对我国税制改革的政策建议

10.1 增值税改革

10.1.1 增值税基准税率不应进一步下调

近年来，国际税收竞争主要体现为企业所得税率纷纷下调，而增值税率相对较为稳定，甚至有所上升。其原因在于，企业所得税的税负主要落在资本上，各国通过降低企业所得税的方法可以吸引外商投资。由于增值税是对国内消费征税，因此外商投资通常不会对增值税率差异做出反应，增值税相对不受国际税收竞争的影响。一个鲜活的例子是，过去 20 年，随着欧洲一体化程度的提高，欧盟各国的企业所得税有效税率平均下降了近 10 个百分点，但是平均增值税率上升了 1.5 个百分点，以弥补所得税收入的下降。随着英国前首相特雷莎·梅和美国前总统特朗普在任期间纷纷提出大幅度降低企业所得税，国际对资本的税率竞争愈演愈烈，我国企业所得税存在很大的下调压力。此时，增值税应当更大程度上成为筹集财政收入的主力。因此，增值税税率不应当进一步下调。

10.1.2 稳步推进增值税率三档并两档

我国现行增值税率共有 13%、9% 和 6% 三档，税率档次过多，也造成了三个方面的弊端：（1）档次过多导致了不完全抵扣，阻碍了抵扣链条的通畅性，导致重复征税仍然部分存在。（2）档次较多对税收遵从度产生负面影响，相似商品在适用税率的确定上存在困难，纳税人可通过虚报商品种类来少缴税款。（3）档次过多使得不同产品的最终税率出现较大差异，影响了产品的相对价格，违反了税收中性原则的要求。不同行业之间税率差异导致"市场赛地"的坑洼不平，各行业间的竞争无法反映资源的真正稀缺性，阻碍了资源的有效率配置。1987年经合组织的报告就指出，最理想的增值税制是宽泛税基和单一税率。从国际经验上看，增值税制较为完善的国家（地区）大都是采取单一税率或者两档税率模式。

就国际上增值税税率的实际选择来看，增值税的税率一般不超过三档，截至2015年，200个国家（地区）中实行增值税的有146个，其中实行统一税率（不含零税率，下同）的国家（地区）占54.1%，实行多档税率的国家（地区）占45.9%。在实行多档税率的国家（地区）中，有34个国家（地区）实行"一档标准税率＋一档低税率"的模式，约占50.7%，有31个国家（地区）实行一档标准税率加两至三档低税率，其余少数国家（地区）实行四档以上税率。这说明，统一税率在总体上比多档税率更受欢迎，即使在多档税率模式下，从简、从低是税率选择的主旋律。另外，从1965—2015年引进增值税的国家所采用的增值税税率实践看，选择统一税率的国家比例呈现总体上升趋势。这主要是因为后来引进增值税的国家大都采用统一税率。

表10-1　部分国家增值税的标准税率和优惠税率

国别	标准税率	优惠税率	国别	标准税率	优惠税率
奥地利	20%	10%	拉脱维亚	21%	12%
比利时	21%	12%	立陶宛	21%	9%、5%
保加利亚	20%	7%	卢森堡	15%	12%、9%、6%、3%
塞浦路斯	17%	5%、8%	马耳他	10%	5%
捷克	21%	15%	荷兰	21%	6%
丹麦	25%	0%	波兰	23%	8%、5%
爱沙尼亚	20%	9%	葡萄牙	23%	13%、6%
芬兰	24%	14%、10%	罗马尼亚	24%	9%、5%
法国	19.60%	5.5%、2.1%、7%	斯洛伐克	20%	10%
德国	19%	7%	斯洛文尼亚	20%	8.50%
希腊	23%	13%、6.5%	西班牙	21%或7%	10%
匈牙利	27%	18%、5%	瑞典	25%	12%、6%
爱尔兰	23%	13.5%、9.0%、4.8%	英国	20%	5%
意大利	21%	10%、4%			

对我国而言，进一步减并增值税率，需要考虑对财政收入的影响。不论是将13％与9％合并为9％，还是9％与6％合并为6％，都会带来财政收入减收。倘若将9％往上调整，或者6％往上调整，意味着很多行业将增税，也会对财政收入产生太大影响。

我们尝试对增值税税率档次简并对税收收入的影响进行了测算。首先根据《中国税务年鉴》披露的各行业增值税纳税额，对目前三个税率档次的增值税纳税额进行了估算。估算结果显示（见表10-2），税率档次13％、9％和6％的行业，一般纳税人增值税纳税额占全部国内增值税的53.79％、19.80％和16.57％，小规模纳税人增值税纳税额占10％左右。通过这一数字，我们也测算出对每个档次的行业，税率每变动1％对增值税收入的影响。如9％税率档次的行业，如果税率下降1个百分点，将使增值税约减收1 546.95亿元。如果将9％档次降为6％，形成增值税13％和6％两档，增值税将减收4 640.85亿元，将使国内增值税收入降低6.6％。

表10-2　增值税税率变动对税收收入的影响测算

税率档次	税率行业增值税总收入（亿元）	一般纳税人缴纳增值税收入（亿元）	占国内增值税收入占比	税率每变动1个百分点对增值税收入的影响（相对值）	对增值税收入的影响（绝对值）（亿元）
13％	33 450.21	30 158.71	53.79％	4.14％	2 909.15
9％	12 314.30	11 102.57	19.80％	2.20％	1 546.95
6％	10 308.10	9 293.78	16.57％	2.76％	1 942.40
合计	56 072.61	50 555.07	90.16％	—	—

当然，我们上述的测算高度简化，存在如下3个缺陷：（1）未将个别特殊低税率产品所缴纳的增值税单独计算，特殊低税率的产品一般为9％，本次估计推算中计入13％税率档次。若有更加细分的数据，则9％税率档次的值会提升一定比例，13％税率档次会降低一定比例。（2）未考虑一般纳税人选择简易计税的比例，本次估算中假设一般纳税人未选取简易计税，全部选择一般计税办法。（3）对各个税率档次的一般纳税人规模和小规模纳税规模均按照大约9∶1的比例计算，可能会与现实情况有所偏差。

尽管存在上述缺陷，我们将本报告测算结算与田志伟等（2018）《简并优化增值税税率结构对增值税收入影响的测算》一文的测算结果进行了对比（见表10-3），结果较为接近。

表 10－3　本报告测算结果与田志伟等测算结果的对比

增值税税率	增值税收入占比	增值税收入占比	增值税收入占比	差值	税率每变动 1% 对增值税收入的影响	税率每变动 1% 对增值税收入的影响	差值
测算方法	田志伟等	本报告	转换对比		田志伟等	本报告	
16%（现 13%）	54%	54%	60%	6%	3.39%	4.14%	0.75
10%（现 9%）	14%	20%	22%	8%	1.43%	2.20%	0.77
6%	32%	17%	18%	14%	5.25%	2.76%	−2.49

10.1.3　增值税期末留抵税额退税制度的完善

1. 政策内容

我国增值税期末留抵税额退还制度完善可分为两个阶段：

第一，前期阶段，实施部分行业期末留抵退还（见表 10－4）。自 1994 年全面实行增值税以来，我国一直适用购进扣除法来管理增值税进项税额，即纳税人购进产品，产生进项税额。纳税人凭票抵扣或者计算抵扣销项税额。当期购进，当期就实现抵扣，并不会在企业经营期内进行成本归属期分摊。一般来讲，纳税人当期采购原材料，生产产品并且通过销售实现利润，其增值税销项必然大于进项。但是，如果纳税人的采购、生产以及销售不能实现同期进行的话，就会出现当期增值税进项税额大于销项税额的情况，其差额即为增值税期末留抵税额。例如，生产前期多采购，后期实现生产销售；又如，采购生产完毕后，纳税人无法实现销售。另外，我国增值税税率共有四档（13%、9%、6%、0），如果纳税人销售收入适用增值税低税率，而购进成本中适用高税率的情况，也会导致期末留抵税额的形成。

表 10－4　部分行业增值税期末留抵退税制度

申请人范围	装备制造等先进制造业、研发等现代服务业、电网企业	
申请人资格	纳税信用等级须为 A 级或 B 级[*]	
退还数额	纳税人申请退税上期的期末留抵税额×退还比例	
退还比例	2014 年 12 月 31 日前（含）办理税务登记的纳税人	2015 年 1 月 1 日后（含）办理税务登记的纳税人

续表

	2015 年、2016 年和 2017 年 3 个年度已抵扣的增值税专用发票、海关进口增值税专用缴款书、解缴税款完税凭证注明的增值税额占同期全部已抵扣进项税额的比重	实际经营期间内已抵扣的增值税专用发票、海关进口增值税专用缴款书、解缴税款完税凭证注明的增值税额占同期全部已抵扣进项税额的比重
退还比例		
退还上限	纳税人 2017 年底期末留抵税额	

* 纳税信用等级从高到低分为 A、B、M、C、D 五级，评级考核内容包含税务登记情况、纳税申报情况、账簿凭证管理情况、税款缴纳情况和违反税收法律、行政法规行为处理情况。

资料来源：国家税务总局。

不难看出，增值税期末留抵税额是纳税人抵减掉销项税额以后仍需要暂时负担的增值税。按照增值税的设计原理，生产者并不真正负担增值税，消费者才是真正的增值税负担者。由于企业的生产特点以及增值税税率设置导致企业暂时负担增值税，企业流动资金被占用，企业资金成本增加。

基于以上原理，在减税降费的背景下，政府提出增值税期末留抵税额退税制度。2018 年 6 月，为助力经济高质量发展，财政部和国家税务总局发文规定，对装备制造等先进制造业、研发等现代服务业和电网企业增值税期末留抵税额予以退还。

装备制造等先进制造业和研发等现代服务业包括专用设备制造业、研究和试验发展等 18 个大类行业。纳税人所属行业根据税务登记的国民经济行业确定，并优先选择《中国制造 2025》中涉及的重点领域行业、高新技术企业、技术先进型服务企业和科技型中小企业。电网企业是指取得电力业务许可证（输电类、供电类）的全部电网企业。除了对退还行业有所限制，申请退还纳税人的纳税信用等级须为 A 级或 B 级。纳税人向主管税务机关申请退还期末留抵税额。当期应退还的期末留抵税额，以纳税人申请退税上期的期末留抵税额和退还比例计算。各省份 2018 年装备制造等先进制造业、研发等现代服务业退还期末留抵税额规模由财政部和国家税务总局通知确定。各省电网企业的期末留抵税额据实退还。具体的退还制度如表 10 - 4 所示。

国家税务总局数据显示，截至 2018 年 9 月底，已实际退税 1 148.5 亿元，其中先进制造业和现代服务业退税 1 061 亿元。

第二，现行阶段，实施全行业期末留抵退还。

首先，对于非部分先进制造业。2019 年 4 月 1 日，为进一步深化增值税改革，推进增值税实质性减税，增值税期末留抵退税制度扩大到全行业。纳税人只要符合条件，其新增留抵税额可以退还。退还的增量留抵税额由中央和地方分担。同时，允许纳税人从城市维护建设税、教育费附加和地方教育附加的计税（征）依据中扣除退还的增值税税额。具体制度如表 10-5 所示：

表 10-5 全行业增值税期末留抵退税制度

申请人范围	全行业
申请资格	1. 自 2019 年 4 月税款所属期起，连续 6 个月（按季纳税的，连续两个季度）增量留抵税额均大于零，且第 6 个月增量留抵税额不低于 50 万元 2. 纳税信用等级为 A 级或者 B 级 3. 申请退税前 36 个月未发生骗取留抵退税、出口退税或虚开增值税专用发票情形的 4. 申请退税前 36 个月未因偷税被税务机关处罚两次及以上的 5. 自 2019 年 4 月 1 日起未享受即征即退、先征后返（退）政策的
退还数额	增量留抵税额×进项构成比例×60%
增量留抵税额	与 2019 年 3 月底相比新增加的期末留抵税额
进项构成比例	2019 年 4 月至申请退税前一税款所属期内已抵扣的增值税专用发票（含税控机动车销售统一发票）、海关进口增值税专用缴款书、解缴税款完税凭证注明的增值税额占同期全部已抵扣进项税额的比重
申请流程	纳税人申请办理留抵退税，应于符合留抵退税条件的次月起，在增值税纳税申报期内，完成本期增值税纳税申报后，通过电子税务局或办税服务厅提交退（抵）税申请表

资料来源：国家税务总局。

非部分先进制造业的期末留抵税额退税制度具有以下特点：

其一，以 2019 年 3 月期末留抵税额为"永基期"进行增量退税。纳税人所有的增量留抵税额都是与 2019 年 3 月的期末留抵数额进行比较，而不仅仅限于 2019 年 4 月。例如，某公司 2019 年 3 月的期末留抵税额为 10 万元，则 2019 年 4 月留抵税额大于 10 万元，即形成增量留抵税额。2019 年 5 月以及后面连续 4 个月都需要大于 10 万元。另外，最后一个月增量留抵税额不低于 50 万元，对于本例，也即 60 万元。只有满足这一基本条件，才有机会申请期末留抵税额。

其二，比例退税。从退还数额计算公式来看，退还的程度可以分为三个层次：第一层，纳税人 2019 年 3 月的期末留抵税额作为一个存量数额，无法得到退还；第二层，退还数额仅包含凭票①抵扣数额，计算抵扣进项和加计抵减进项都未纳入退税范围内；第三层，增量中的所有凭票抵扣数额也不会得到完全退还，而是有 60% 固定比例限制。

其三，期末留抵税额退税申请以 6 个月为一个周期。制度中规定纳税人需连续

---

① 2019 年 4 月至申请退税前一税款所属期内已抵扣的增值税专用发票（含税控机动车销售统一发票）、海关进口增值税专用缴款书和解缴税款完税凭证。

6个月增量留抵税额均大于零。这意味着纳税人至少需要等待6个月才能进行一次申请退税。期末留抵退税制度从2019年4月试推行，第一个周期截止月为9月。等到10月份纳税申报时，满足条件的纳税人就可以申请留抵退税。纳税人如果在10月份成功申请退税，继续满足申请条件，则进入第二个申请周期，连续6个月满足条件以后，方能再一次申请退税。

其四，诚信纳税纳入退税资格考量，降低企业道德风险。能够申请退税的纳税人不仅要在增量留抵数额上达到相应的要求，也要能够满足相应的税务管理能力和诚信纳税要求。纳税信用等级能够体现纳税人有关于税务登记、纳税申报、账簿凭证管理、税款缴纳和违反税收法律、行政法规行为处理的综合情况，从侧面反映纳税人的纳税信用度。同时，纳税人在3年内有无骗税偷税记录也是判断纳税人能否退税的重要条件之一，间接反映企业提供的数据的可靠程度。

其次，对于部分先进制造业。2019年8月31日，为进一步推进制造业高质量发展，部分先进制造业的留抵退税条件更加宽松，只需要增量留抵税额大于零，均可以按申报期向税务机关申请退税。具体制度内容如表10-6所示：

表10-6　部分先进制造业增值税期末留抵退税

申请人范围	部分先进制造业：生产并销售非金属矿物制品、通用设备、专用设备及计算机、通信和其他电子设备销售额占全部销售额的比重超过50%的纳税人
申请资格	1. 增量留抵税额大于零 2. 纳税信用等级为A级或者B级 3. 申请退税前36个月未发生骗取留抵退税、出口退税或虚开增值税专用发票情形的 4. 申请退税前36个月未因偷税被税务机关处罚两次及以上的 5. 自2019年4月1日起未享受即征即退、先征后返（退）政策的
退还数额	增量留抵税额×进项构成比例
增量留抵税额	与2019年3月底相比新增加的期末留抵税额
进项构成比例	2019年4月至申请退税前一税款所属期内已抵扣的增值税专用发票（含税控机动车销售统一发票）、海关进口增值税专用缴款书、解缴税款完税凭证注明的增值税额占同期全部已抵扣进项税额的比重
申请流程	纳税人可以自2019年7月及以后纳税申报期向主管税务机关申请退还增量留抵税额

资料来源：国家税务总局。

2. 存在问题

建立增值税期末留抵税额退税制度，尽管已经迈出了实质性步伐，但是尚存在如下两个问题：

第一，留抵退税并不完全。目前，除部分先进制造业以外，其他企业都是针对增量税额的 60％ 进行退税，退税比例并不完全。同时，增值税留抵退税制度仅针对于 2019 年 3 月以后的增量部分退还。2019 年 3 月以前积累的存量只能继续结转下期扣除。在以后的申报期内，如果纳税人能够满足现行期末留抵退税制度中的增量规定，则企业的期末留抵数额必然大于其基期的存量。就算经过增量退税，这部分存量依旧不会减小。这部分存量的消失，只能依赖于后续企业自身销售转嫁而实现。简单举例说明，纳税人（非部分先进制造业）2019 年 3 月末留抵税额为 10 万元，后面连续 6 个月的期末留抵税额情况[①]如表 10-7 所示，满足退税条件，则纳税人可申请退税额为：$(50-10) \times 100\% \times 60\% = 24$（万元）。经过退税以后，纳税人的期末留抵税额为 $50-24=26$（万元），大于基期的 10 万元。26 万元可以用于后期的结转扣除。

表 10-7 某纳税人留抵退税申请情况

时间	3 月	4 月	5 月	6 月	7 月	8 月	9 月
期末留抵数额（万元）	10	11	11	11	11	11	50

无论是从比例限制退税来看，还是相对于增量退税政策本身而言，企业的留抵退税并不完全，还是有一部分进项税额增加企业的经营负担。卢雄标、童锦治和苏国灿（2018）对 A 省 2011—2015 年 31 个制造业的税收调查数据进行分析，认为企业留抵税额对企业成本、利润和现金流都有一定的负面影响。企业在实现销售以前，承担商品生产中的进项税额。一旦商品得以销售，税负即可转嫁出去，换回企业已经承担的进项税额。但是留抵税额的出现，使得企业的资金被占用，经营成本上升，利润下降，现金流也会减少。

增值税留抵税额的规模并未有公开的数据可以直接用于研究。刘怡和耿纯（2018）运用 2010 年和 2011 年企业税务调查数据分析 2011 年留抵税额的情况，发现留抵税额存量规模已超过 6 000 亿元，占当年增值税收入的总额的 24.74％。2018 年中国国内增值税收入为 61 529.33 亿元，若按国内增值税收入的 25％ 粗略计算，留抵税额的规模约为 1.5 万亿元。

在制度出台时，没有进行比例完全退税和存量退还，并不是出于原理和技术操作上的不可行，而是出于对财政压力的考虑。

第二，留抵退税周期过长。制度规定，部分先进制造业可以从 2019 年 7 月及以后申报期申请退税。除此以外的其他行业，企业都需符合连续 6 个月的增量规

---

① 假设所有的进项税额都是凭票抵扣的。

定才可以申请退税。这样的规定主要存在以下两点问题：其一，企业满足条件的连续前 5 个月内的进项税额并不会得到退税，只有累计到第 6 个月的期末留抵，才可以申请退税。相当于部分结转制度与申请退税制度相结合，并不是完全的退税制度。其二，如果企业中途有一个月不满足增量大于零的条件的话，6 个月的周期要重新计算。这两点无疑都加长了企业的退税周期，增加了企业申请退税的难度。

从理论上讲，留抵退税可以进一步体现税收中性，减少对企业生产经营活动的干扰。从实践意义上讲，期末留抵退税制度不仅仅是政府减费降税的重要举措，更是完善我国增值税制度的关键一步。因此，留抵退税的申请周期安排同样也决定着纳税人享受留抵退税制度面的宽窄。企业无法得到的退税相当于国家占用了企业的一笔资金，占用的时间越长，企业的营运成本也会越高。

留抵退税周期长，也会进一步影响企业的现金流，甚至可能达不到退税制度本来想达到的目的。尽管这种时间设计会在一定程度上筛选出更需要退税的企业，利用有限的财政资金进行"有效退税"，防止"僵尸企业"和"皮包企业"的套利，但从完善增值税制度以及减费降税的角度来看，并不是最佳的选择。

3. 改革建议

第一，取消比例退税限制，逐步开展存量退税。比例退税和仅限增量退税，都是出于缓冲财政压力的考虑。从实现增值税税收中性的角度考虑，税务机关应当全额退还期末留抵税额。因此，综合我国目前制度安排以及财政压力，建议先取消非部分先进制造业的 60% 退税比例限制，统一全行业退税计算方法，实现百分百增量退税。在此基础上，如果财政仍有余力的话，再实现存量退税，彻底解决对企业具有较大影响的留抵税额。

逐步化解增值税退税压力是留抵退税制度设计时不可避免的考虑因素。在经济下行强大的压力下，政府坚持让利于企业，让企业能从减税降费中产生更多的获得感。但同时，政府财政收入增速放缓，财政支出压力未减。另外，留抵结转制度在我国已经实行多年，留抵税额规模也并不小，基本上在万亿元以上。如果一下子让财政既退存量，又退增量，不利于国家财政稳定。

取消 60% 退税限制，一方面统一了行业退税计算规则，简化了退税制度；另一方面实现了增量退税的完整性。其实目前我国的增量退税可以理解为门槛退税，这与目前国外的限额以上退税极其相似。只不过很独特的是，我国的门槛退税是以企业 2019 年 3 月的期末留抵数额为标准的。超过这个标准，则需要进行退税，低于这个标准的，企业则继续结转扣除。对于 2019 年 3 月以前就成立的公司，这个门槛为当月的期末留抵数；对于 2019 年 3 月以后成立的公司，则这个数为 0。而国外的门槛退税基本上是全行业实行一个固定的退税门槛。例如，匈牙利规定按月申请的纳税人退税额超过 100 万福林，才可以申请退税，否则就只能结转扣除。按季申报的纳税人进项退税额需超过 25 万福林。按年申报的纳税人进项退税额需要超过 5 万福林。法国规定，按年申请的纳税人可退税额小于 150 欧元，只能用于抵消以后纳税期限的销项税额，按季申请的纳税人可退税额超过 760 欧元，才可以申请退税。

逐步开展存量退税，可以贯彻落实期末留抵退税原理，进一步降低企业的资金占用成本，彻底地转向增值税退税制度。另外，开展存量退税以后，可以分行业设置退税门槛，而不是单纯地以 2019 年 3 月为基期进行增量核算。这样也可以平衡 2019 年 3 月以后成立的公司与一直存在的公司的门槛差距。目前存在的制度使得 2019 年 3 月以后设立的公司更容易达到退税条件，显失政策公平。分行业设置门槛可以消除时间上设置公司不同而条件不同的不公平现象，也可以考虑不同行业之间的留抵情况，提高退税效率和成本效益。

第二，统一退税周期，加大退税审核力度。为进一步降低企业由于进项税额而负担的成本，建议以按月或者按季申报退税，与增值税的申报频率相同，只要超过门槛数，即可在当次申报期内进行申报。目前，部分先进制造业已经开始执行这类制度，但其他行业依旧按照连续 6 个月为申报周期。与此同时，税务机关需要加强对申请公司的审核，提高事前税务审计能力。

从申报程序上来看，如果按月申报或者按季申报退税，并不会为企业带来很大的遵从成本，企业可按之前的申报程序进行，只不过在申报完之后，再提交一次退税表格，而且由于门槛限制，申请退税对于征纳双方都会避免效率浪费。从退税效果上看，以月或季为单位退税的话，提高了资金的流转和利用。企业自身资金足够流转时，则降低企业融通资金的需求。其他国家（地区）退税周期也规定不一，有按月申请、按季申请和按年申请，甚至税务机关自动退税。西班牙规定一般申请程序和特殊申请程序，一般申请程序可以在当年最后一次申报增值税时申请退还增值税，特殊申请程序则规定按月来申请退税。法国可以选择按年退税，也可以选择按季退税。匈牙利则按照增值税纳税周期来决定。芬兰实行自动退税。

在方便纳税人申请纳税的同时，税务机关要提高审核能力。对申请公司进行必要的抽查审核，注意观察企业退税动态，防止骗税现象，保护国家税收利益。尽管目前我国规定申请纳税人纳税信用等级以及其他纳税诚信考量条件，但依旧要对申请人进行严格的审核，可参照一些数据指标进行判断，例如，历史时期的增值税纳税额、生产周期、销售峰值、适用税率等可以让税务机关了解企业纳税特点的指标。目前，希腊规定可根据财政部执行的风险分析方法，在退税前要对纳税人进行税务审计。俄罗斯规定，税务部门必须对纳税人在纳税申报表中填写的留抵税额进行审查，如果税务部门确认数额准确，将退还到纳税人的银行账户或计入贷方金额用于抵消其他联邦税额。印度尼西亚规定，税务部门在纳税人提出退税申请之后要进行审计，以确保退税的有效性。税务审计必须在申请退税之日起的一年内完成。符合合规纳税人或低风险纳税人标准的纳税人可以通过税务检查加快退税流程。澳大利亚规定，退税前需要执行审查程序，如果企业有隐瞒收入的嫌疑，则可以暂时不对其退税。

10.1.4 增值税出口退税调整余地不大

目前，我国绝大多数出口产品都已经实施了增值税全额出口退税。未实现全额退税的产品在 2017 年的出口金额为 5 100 亿美元，占出口总额的 22%，但这些产品多属于高耗能、高污染和产能过剩产品，出口退税率提高的可能性不大。

10.2　企业所得税改革

10.2.1 可下调企业所得税税率

通过低税率吸引外国投资是国家间税率竞争的主要方面。由于企业所得税的税负主要落在资本上，各国通常是通过降低企业所得税来吸引外商投资。随着英国前首相特雷莎·梅和美国前总统特朗普在任期间纷纷提出大幅度降低企业所得税，国际对资本的税率竞争愈演愈烈。从周边国家来看，越南、韩国企业所得税税率降到 22%，泰国、柬埔寨的税率都在 20%，新加坡则为 17%。发达国家和周边国家都在降所得税，我国企业所得税不降的话容易造成利润外流，未来我国企业所得税也存在下调空间。

在关于税制结构增长效应的现有文献中，虽然存在不同论点，但综合绝大多数实证研究的结论，可按对经济增长有害程度从大到小，将主要税种排序为企业所得税、个人所得税、消费税、财产税（郭婧、岳希明，2015），特别是企业所得税收入占税收收入比重较高将明显降低经济增长率（OECD，2010；Arnold et al.，2011）。我国企业所得税收入占税收收入比重达到 17%，占 GDP 比例近 4%，而经合组织的 36 个成员国企业所得税收入占税收收入比重和占 GDP 比例的平均值分别为 8％和 2.9％左右（OECD，2018）。因此，我国企业所得税比重有些偏高（见表 10-8）。

因此，在国际税收竞争的大背景下，我们建议下调企业所得税税率，应至少降到 22％。在表 10-9 当中，我们也测算了不同税率降幅下，税收收入的减税规模。如果将税率下降至 22％，一年税收减收约为 3 500 亿元。

表 10-8　中国与其他国家税收结构的差异

税种	中国	经合组织成员国平均值	挪威	美国
个人所得税	6％	25％	24％	34％
间接税	44％	31％	26％	14％
企业所得税	17％	8％	22％	10％
社保缴费	22％	27％	23％	24％
财产税	1％	5％	3％	11％
其他	9％	4％	2％	7％

注：表中数字是各类税占全部税收收入的比重。税包含社保缴费。

表 10-9　企业所得税税率下调的财政减收效应测算：以 2019 年为例　单位：亿元

项目	假设企业所得税税率标准税率为			
	25％	23％	22％	20％
企业所得税收入预测	38 785	35 295	36 458	32 968
企业减收额预测	0	2 327	3 491	5 818

注：假设企业利润当中，有 1/4 适用于 15％优惠税率，其余适用于 25％优惠税率。仅考虑静态效应。

10.2.2　支持企业创新的所得税优惠政策改革

1. 税率优惠与加计扣除优惠的选择

我国目前对企业创新的税收扶持主要包括两类手段，高新技术企业税率优惠与研发费用加计扣除。被认定为高新技术企业的企业，可以享受 15％的优惠税率。而无论是否被认定为高新技术企业，企业均可以享受研发支出加计扣除政策。两类手段作为税收优惠，有其共同点。首先，两类减免税都可以使企业利润上缴税收的比重下降，企业有更多的留存利润用于扩大投资或研发支出。其次，两类减免税都降低了企业研发的资金使用成本。

（1）借助经典的资金使用者成本理论，可以得到企业研发支出的资金使用者成本为：

$$P_{ijt}^m = \frac{1}{(1-\tau_{ijt})}\left[\rho_{ijt} + \delta^m - \pi_t\right]$$

其中 ρ_{ijt}、δ^m、π_t 分别是利率、研发支出折旧率、通货膨胀率，τ_{ijt} 是所得税率。由此可以得到，随着税率下降，企业研发支出的使用成本会下降，从而使企业进行研发支出的积极性上升。

（2）参考 Bloom 等（2002）的方法，我们可以计算出，当实施研发支出 50％ 加计扣除政策时，企业研发支出的资金使用成本为：

$$P_{ijt}^m = \frac{(1-1.5\tau_{ijt})}{(1-\tau_{ijt})}\left[\rho_{ijt} + \delta^m - \pi_t\right]$$

其中 ρ_{ijt}、δ^m、π_t 分别是利率、研发支出折旧率、通货膨胀率，τ_{ijt} 是所得税率。资金使用者成本与研发支出的加计扣除率是负相关的。如果加计扣除率进一步提高的话，企业研发支出的资金使用者成本会下降。

尽管两类税收优惠都可以鼓励企业研发，但是也存在两个方面的问题：首先，高新技术企业获得认定，还有一条非常重要的条件是，研发费用占营业收入的比重要达标。具体来说，是要求最近一年销售收入小于 5 000 万元（含）的企业，比例不低于 5％；最近一年销售收入在 5 000 万元至 2 亿元（含）的企业，比例不低于 4％；最近一年销售收入在 2 亿元以上的企业，比例不低于 3％。因此，当企业研发与营业收入比例低于这一门槛时，企业增加研发支出，既有助于直接获得加计扣除的好处，又有助于达到这一门槛，从而能获得高新技术企业的认定。但是，当企业研发支出占营业收入比重达到门槛后，企业进一步提高研发支出的积极性会被削弱。

两类优惠措施之间有一定互斥性：当所得税率较高时，企业增加一单位的研发支出时，通过加计扣除所享受的税收优惠数额较大。反过来，如果所得税率较低时，企业增加一单位的研发支出，通过加计扣除所享受的税收优惠数额反而较小。例如当税率为 25％ 时，一单位研发支出可以享受 1.5×25％ 的税收优惠。但是当税率为 15％ 时，一单位研发支出可以享受 1.5×15％ 的税收优惠。此时，优惠税率和加计扣除两类优惠措施在激励企业研发上并不是相互补充的效果，而是存在着相互抵消的效果。因此，实践当中，很多企业为了享受研发支出的优惠税率，将研发费用数额"恰好"达标。这一方面带来了一些虚假的研发费用，另一方面也不利于鼓励企业进一步提高研发费用。因为企业发现一旦"上线"，再增加研发费用已经无助于获得优惠税率这一条件。而且上线后在 15％ 的优惠税率下，再增加研发，获得的免税额相比于在 25％ 的税率下要小，因此企业继续加大研发的积极性也就没那么高。

其次，高新技术企业获得认定，需要满足具有专利这一重要条件，而具有专利说明已经创新成功。但是创新本身是有风险的，因此税收优惠不能仅奖励给成功的企业，而应该在创新投入时给予优惠。

考虑到这两点，在继续保留高新技术企业享受 15％的税率这一优惠措施的同时，可以将研发支出加计扣除比例进一步提高。

2. 研发费用加计扣除政策的国际比较

研发费用计价扣除政策起始于 1996 年，在 2016 年以前，加计扣除比例都是 50％。从 2017 年 1 月起，这一政策进行了调整，将加计扣除比例提高到 75％，但是只适用于科技型中小企业。2018 年，进一步将使用范围扩大到所有企业。科技型中小企业最重要的一个条件是规模条件（职工总数不超过 500 人、年销售收入不超过 2 亿元、资产总额不超过 2 亿元），因此，2018 年的使用范围扩大，主要惠及的是大型高新技术企业。

两次调整具体政策的节点如下：（1）2017 年 5 月，为进一步鼓励科技型中小企业加大研发费用投入，国务院常务会议决定，自 2017 年 1 月 1 日起至 2019 年 12 月 31 日，将科技型中小企业享受研发费用加计扣除比例由 50％提高到 75％。形成无形资产的，在上述期间按照无形资产成本的 175％在税前摊销。（2）2018 年 9 月，财政部、国家税务总局、科技部联合发布通知（财税〔2017〕34 号），自 2018 年 1 月 1 日起至 2020 年 12 月 31 日期间，将企业研发费用加计扣除比例提高到 75％的政策由科技型中小企业扩大至所有企业。形成无形资产的，在上述期间按照无形资产成本的 175％在税前摊销。

2018 年 7 月 23 日召开的国务院常务会议，初步测算企业研发费用加计扣除比例由 50％提高到 75％，全年可减税人民币 650 亿元。

我们也测算了研发费用加计扣除政策的减税数额。根据《中国统计年鉴》的数据，2017 年我国 R&D 支出共计 17 606 亿元，当中企业支出共计 13 465 亿元。2019 年《中国统计摘要》数据显示，2018 年我国 R&D 支出共计 19 657 亿元，由于《中国统计摘要》未公布企业 R&D 支出数额，我们假设企业 R&D 支出占全部 R&D 支出的比例与 2017 年持平，那么 2018 年企业 R&D 支出数额估计为 15 033 亿元。因此，假设 R&D 支出的公司有正利润，且适用 15％的高新技术企业优惠税率，那么提高加计扣除比例的减税数额测算为 563 亿元（即 15 033×0.15×0.25）。当然，由于部分有研发支出的企业不满足高新技术企业优惠税率，但由于高新技术企业的一个重要标准是研发支出金额占营业收入的比例要达标，因此不满足高新技术企业优惠税率的企业通常研发支出数额不大，我们假设这类企业研发费用占全部企业研发费用的比例约为 25%①。那么此时得到减税约为 658 亿元，与财政部估算的 2018 年的数额非常接近。

研发费用加计扣除调高到 75%，是一项阶段性减税政策，规定到 2020 年 12 月 31 日到期。我们认为，创新需要长期、持久的投入，而不应仅是临时性地通过减税来鼓励，应该考虑将加计扣除比例 75% 固定化。事实上，即使 75% 的加计扣除比例，也并不算很慷慨。新加坡、丹麦、印度、匈牙利、土耳其等国的加计扣除比例超过了 100%。这一减税政策对政府财政收入而言减收并不多，但是可以较好地对促进企业创新起到四两拨千斤的作用。

3. 提高加计扣除比例的减税测算

至于是否在 75% 的水平上，再继续提高研发费用加计扣除比例，政府还需要考虑财政的可承受力。课题组也测算了不同加计扣除比例下减税的规模，具体测算结果见表 10-10。政府可以将加计扣除比例上升到 100%，减税规模在 1 500 亿元左右，仍然处在财政可承受范围之内。

表 10-10   不同加计扣除比例与减税额的预测

加计扣除比例	各年减税额		
	2018 年	2019 年	2020 年
25%	658 亿元	734 亿元	820 亿元
90%	1 052 亿元	1 175 亿元	1 312 亿元
100%	1 315 亿元	1 469 亿元	1 640 亿元

10.3　个人所得税改革

中国居民收入差距呈现日益扩大的趋势，关于收入分配改革的呼声也日益高涨。最终收入分配效应由初次分配和再分配两个环节决定。在再分配环节，政府的主要政策手段之一是征收具有累进性的个人所得税。在很多发达国家，个人所得税在缩小收入分配差距上都发挥了重要作用。在个人所得税上，应按"宽税基、简税制、严征管"方向改革。

10.3.1　宽税基：不宜再提高个人所得税的免征额

2006 年以来，我国多次调高了个税的免征额，从最初的 800 元提高至 2006 年

---

①　我们利用上市公司数据也发现，在有研发支出的上市公司当中，75% 都适用于高新技术企业的优惠税率，仅有 25% 不适用。

的 1 600 元，2008 年提高至 2 000 元，2011 年提高至 3 500 元，2018 年进一步提高至 5 000 元。但是，免征额提高具有"双刃剑"效果。一方面，它会提高个税税制累进性[①]；另一方面，它降低了中、高收入者的税负，但是低收入者却没有因此受益（税率保持为 0），因此削弱了个人所得税对收入处于中低收入区段的调节。根据课题组的测算，两个效应结合在一起，免征额提高从总体上恶化了个税政策的收入分配效应。

10.3.2 简税制：适当降低个人所得税最高档税率

我国目前个人所得税最高档税率是 45%，但是与全球大多数国家相比，这一税率已经处于非常高的位置。特别是从 20 世纪 80 年代起，很多国家都纷纷下调了个人所得税最高档税率。据统计，全球个人所得税最高档税率的平均值已经从 1980 年的 45% 下调到了目前的 33%。近年来，特朗普税改也下调了美国的最高个税税率，全球掀起新一轮个人所得税最高税率的下调。事实上，个人所得税的普遍下调是全球化背景下各国税收竞争的一个产物。高收入阶层的就业和移民具有较高的跨国流动性，但是中产阶层和低收入群体基本不存在跨国就业和移民的可能性，因此，各国针对高收入阶层纷纷降低税率，以吸引人才流入。我们认为，可以将我国的个人所得税最高档税率下调至 35%，此举有利于吸引国际高科技人才流入，助推经济发展和供给侧结构性改革。当然，有一种担心是，最高税率下调削弱了个税在调节收入分配上的功能。但事实上，尽管我国目前最高档税率很高，但是由于针对高收入的税收征管力度一直较为薄弱，在较高的税率下，高收入人群往往会想方设法避税，有些甚至铤而走险地逃税，造成事实上很多高收入人群没有足额纳税——税率档次在名义上具有较高的累进性，但是实质上调节收入的功能已大打折扣。适当下调最高档税率，可以提升高收入人群的税收遵从程度，不仅不会削弱，反而有可能增强税收调节收入分配的功能。

10.3.3 严征管：提高个人所得税的税收征管水平

我国个人所得税占税收收入比重仅有 6.6%，占 GDP 比例为 1.0%，而经合组织的 36 个成员国个人所得税收入占税收收入比重和占 GDP 比例的平均值分别为 25% 和 8% 左右（OECD，2018）。个税税负偏低并非中国的独有现象，而是普遍存在于发展中国家，这一方面是因为我国居民收入偏低，但另一方面也是因为我国个

[①] 税制累进性是指当收入提高一定比例时，税率所增加的程度。如果随着收入提高，税率增加，那么税制就具有累进性，否则税制具有累退性。累进性直接衡量了收入高低不同的人纳税负担程度的相对差异。

税征缴能力相对薄弱，尤其是高收入人群的税收流失严重。为了增强我国个税政策对收入分配的调控作用，同时提升个税的财政收入筹集能力，必须不断提升所得税征管能力。

10.4　完善地方税体系

10.4.1　完善地方税体系的必要性

中央与地方财政收入的划分是我国财政管理体制最为核心的内容之一。财政收入划分，事关"蛋糕"分配，对中央和地方的积极性产生很大的影响，因此具有举足轻重的地位。在理顺中央与地方收入划分制度上，完善地方税体系也是必不可少的一环。

1994 年分税制改革，在调动中央与地方两个积极性、提高"两个比重"上做出了历史性的贡献，分税制改革也成为这期间社会主义市场经济体制改革的重要抓手。之后，我国中央与地方财政收入划分进入了一个相对稳定的时期，直到 2016 年全面营改增实施后，原位列地方政府第一大主体税种的营业税逐渐消失。为了确保中央与地方财政收入的分配格局大体不变，2016 年 4 月底，国务院印发了《全面推开营改增试点后调整中央与地方增值税收入划分过渡方案的通知》，规定中央和地方按税收缴纳地实施"五五分享"比例。2019 年 9 月，国务院印发了《实施更大规模减税降费后调整中央与地方收入划分改革推进方案的通知》，提出要保持增值税"五五分享"比例稳定不变。同时也提出，将后移消费税征收环节并稳步下划地方。"按照健全地方税体系改革要求，在征管可控的前提下，将部分在生产（进口）环节征收的现行消费税品目逐步后移至批发或零售环节征收，拓展地方收入来源，引导地方改善消费环境"。党的十八届三中全会即提出要"深化税收制度改革，完善地方税体系"。党的十九大报告再次提出要"深化税收制度改革，健全地方税体系"。

当前，地方政府财政收入的主要来源是共享税，即增值税的地方分享 50% 部分、企业所得税和个人所得税地方分享的 40% 部分，其他地方专享税都是小税种，所占比重并不高。地方税体系建设尽管中央谋划已久，但目前尚未迈开实质步伐。地方税体系建设的重点，是为地方政府建立新的税收数额较大的一个或几个专享税种。因此，地方税体系的建设，需要结合我国税制改革的总体进程。

为什么要建设地方税体系？实际上，中央与地方的总体财力格局在过去 20 年大体保持稳定。建设地方税体系，并不是为了增加地方财政收入所占的份额，而是因为现行的中央与地方财力划分方式，尽管维持了中央与地方财力格局稳定，却存在如下两个问题：

首先，地方财政收入主要依靠生产性税基缴纳的增值税和企业所得税，导致了地方政府的"激励扭曲"，加重了政府职能和支出导向"亲企业、疏居民""重生产、轻民生"，不利于转变政府职能，提升国家治理水平。增值税和企业所得税的主要税基是生产产品或服务的企业，其税基具有高度的跨地区流动性，因此地方政府为了能获得更多的增值税收入，会有充分的动力去招商引资，采取各种措施扶持企业生产。因此，现行模式调动了地方政府发展经济的积极性。但与此同时，地方政府缺乏动力去改善民生、加强环境保护、加强产品质量等监管。随着经济发展水平的提升，居民对教育、医疗、社会保障、环境保护、劳资关系等公共品的需求越来越高，因此政府与居民之间的关系受到挑战。2016 年之后，增值税地方留成率由 25％提高到了 50％，进一步加重了地方政府"亲企业、疏居民""重生产、轻民生"的倾向。不仅如此，在增值税和企业所得税分成激励下，地方政府对微观企业行为的干预会更严重，政府在引进企业初期会给予大量的变相税收优惠、廉价土地价格和补贴，地方保护也会加重，严重干扰了全国统一的市场的形成，阻碍了资源在全国范围内的有效率配置，不利于发挥市场在资源配置当中的决定性作用。

其次，现有的增值税分成方式不符合税收划分的"受益原则"。增值税作为一种商品税，尽管其法定纳税人是企业，但是其主要税收归宿主要落在消费者身上。由于现行增值税是按照纳税地分成的，某些地区的商品消费量很大，当地居民实际负担了大多数增值税税负。但是由于大多数商品（包含服务）是跨省份销售的，如果该地区生产企业较少的话，该地区实际分享的增值税数额很少。在这种情况下，我们看到了增值税税负归宿地和增值税分享地之间出现了较大的偏离，不符合"受益原则"。

10.4.2　完善地方税体系的思路

党的十八届三中全会提出要"深化税收制度改革，完善地方税体系"、党的十九大报告再次提出要"深化税收制度改革，健全地方税体系"。税收制度改革计划中的"加快房地产税立法并适时推进改革"和"调整消费税征收范围、环节、税率"，给地方税体系建设带来了空间。因此，目前主流的意见是，地方税未来有两个重要支柱：一是开征房地产税，作为地方政府独享收入；二是后移消费税征收环节并稳步下划地方。但是我们认为，这两个支柱在短期内都不够坚实，应该建立多支柱的地方税体系。一方面适时推进房地产税立法，另一方面重新设计增值税的地方分享比例。

本报告建议重新设计增值税的地方分享比例，中央与地方分享比例保持50％：50％，但是地方部分25％按照生产来源地比例划分、25％按照各地区消费额划分。也就是说，中央与地方税收总额划分比例维持50％：50％，一个省份地方政府可以分享的增值税收入分为两个部分：一部分来源于当地企业缴纳的增值税的25％部分，另一部分是25％的增值税汇总到中央后，中央依据当地社会消费品总额占全国社会消费品的比例来确定各省份的分享额。

课题组认为，这一方案主要有以下几个方面的优点：第一，不新设立税种，民众接受度高，也不增加税收征管成本。相比之下，开征零售税（或将消费税后移至零售环节，并对商品普遍征收）这样一个全新的税种，民众接受度低，政府也需要投入较大的税收征管成本。第二，与现行增值税分成模式相比，能更好地体现受益性和激励相容原则。因为地方增值税分享额度与当地居民消费量挂钩，将有利于激励地方政府回应地方需求，调动地方政府提供优质教育、医疗卫生、环境保护等民生性公共服务的积极性。

10.5　其他税种改革

10.5.1　附加税

2019年减税降费政策当中的一项重要内容是减征"六税两费"。由省、自治区、直辖市人民政府根据本地区实际情况，以及宏观调控需要确定，对增值税小规模纳税人可以在50％的税额幅度内减征资源税、城市维护建设税、房产税、城镇土地使用税、印花税（不含证券交易印花税）、耕地占用税和教育费附加、地方教育附加。国税总局估计全年可以为企业减税2 000亿元。

但是，这一政策如向全部企业推广，难度较大。2018年六税收入合计为20 478亿元，教育费附加、地方教育附加两费收入合计为3 608亿元。

取消教育费附加、地方教育附加，也不合时宜，不利于教育事业发展。而且六税两费全部为地方政府收入，如取消，将导致地方财政更加困难。

如果取消教育费附加和城镇建设维护税，那么全年将减收8 000亿元左右。中央财政可以承受，但是地方政府将难以承受。

10.5.2　车辆购置税

汽车消费在国内消费当中举足轻重。2018 年汽车零售额 3.9 万亿元，占全社会商品零售总额的 10％，占 GDP 的比重也达到了 4.3％。2019 年 4—6 月汽车消费额短暂上升，但是下半年开始汽车零售额当月同比持续呈现负增长。因此，建议恢复对小排量汽车的车辆购置税减半优惠政策。实施期限可以暂定 2 年。预计全年减税 500 亿元左右。

10.6　完善国企分红政策，处理好财政贡献与保值增值间的关系

10.6.1　适当提高国有企业利润上缴比例

党的十八届三中全会提出，2020 年要提高国有资本收益上缴公共财政的比例到 30％，但是目前我国国有企业利润上缴的比例仍然不高。表 10 - 11 显示的是 2007 年至今各类型央企税后利润提取比例。可以看出，大多数央企的利润上缴比例仍然在 10％～20％之间，距离十八届三中全会制定的目标尚有一定距离。全国范围内国有企业上缴利润的状况，从 2012 年到 2018 年，国有企业的净利润从 17 667 亿元逐步上涨到 24 654 亿元，但上缴利润依然长期徘徊在较低水平。2018 年国有企业（不包含国有金融企业）净利润总额为 24 654 亿元，但上缴国有资本经营预算仅有 2 900 亿元，仅占 11.76％。

表 10 - 11　2007 年以来各类型央企税后利润提取比例表（％）

类型	2007—2010 年	2011 年	2012—2013 年	2014 年起
中国烟草总公司	10	15	20	25
石油石化、电力、电信、煤炭等资源型企业	10	15	15	20
钢铁、运输等一般竞争类企业	5	10	10	15
军工企业、转制科研院所	免交	5	5	10
政策性企业	免交	免交	免交	免交

当然，作为社会主义经济制度的主体，国有企业在保证财政收入方面也承担着重要的责任。国有企业在经济与产业发展中扮演着重要的角色，尽管其长期积弊，存在着诸多问题，但维持其保值甚至增值仍是我们长期追求的目标。在财政赤字日益扩大，财政收入难以维持的时候，增加国有企业上缴利润"用之于民"成为我们

拓宽财政收入的途径之一。但增加国有企业上缴利润势必会增加国有企业的资金压力，减少发展"血液"，不利于其保值增值，甚至阻碍其转型发展，降低经济效益。因此是利用国有资本经营利润增加财政贡献，还是保证其发展以拓宽经济资本与税基，是需要权衡的一对矛盾。

10.6.2 提高国有资本经营预算调入一般公共预算的比例

从公共财政的角度出发，国有企业的上缴利润需要先上缴至国有资本经营预算，然后再从其中以"调出资金"的方式划转至"一般公共预算"，国企的分红才完成了对全体公民的分红。例如 2018 年，2 900 亿元国有企业上缴至国有资本经营预算的利润中，最终划转至一般公共预算中的调出资金只有 754 亿元，占上缴利润的 26%，也就是说非金融类国有企业最终对居民的分红只占全部净利润的 3%。《中央国有资本经营预算支出管理暂行办法》中规定，国有资本经营预算支出除调入一般公共预算和政府性基金以外，其主要用于解决国有企业历史遗留问题及相关改革成本支出、国有企业资本金注入和其他支出。但通过计算国有资本经营支出决算表中各类支出的比重可以发现，其资金的 60%～70% 都利用在了解决历史遗留问题以及相关改革成本、资本注入和政策性补贴这些支持国企自身活动的行为上，国有企业上缴的利润大部分都以"体内循环"的方式"返还"到了国企本身，并没有实现"用之于民"，也没有有力承担民生支出责任。因此，在适当提高国有企业利润上缴比例基础上，还需进一步提高国有资本经营预算调入一般公共预算的比例。

10.6.3 建立国有企业分红的长效机制

我国国有企业的利润上缴，经历了计划经济时期的全额上缴，到有计划商品时期的部分上缴，再到社会主义市场经济时期的留利于企业，彼时 1994 年分税制改革刚刚开始施行，国家为了保证分税制改革顺利进行，考虑到国有企业面临的困难局面，做出了国有企业利润不再上缴的决定，以促使国有企业休养生息和扩大再生产。直到 2007 年，国有资本经营预算开始实行，国有企业只上缴税收不上缴红利的历史才画上了句号。为更有效地利用国有资本收益，我们应当建立更加长期稳定的利益分配机制。一方面，长期稳定的政策将提升国有企业面临的市场与政策环境的确定性，有利于国有企业发展。另一方面，长期稳定的政策有利于实现财政收入的规范化与法治化，保证预算等执行的严肃性，有利于财政体制的深化改革。

10.6.4 完善国有金融企业分红政策

此外，同非金融类国有企业一样，国有金融企业也是国民的资产。同实业类国有企业不同的是，金融类国有企业分红将直接进入"一般公共预算"，直接服务于公共财政，但同样存在着分红比例较低的问题。近年来，国有金融机构利润迅速攀升。《国务院关于 2017 年度金融企业国有资产的专项报告》显示，我国中央金融国有企业的营业收入由 2013 年的 4.3 万亿元增长到 2017 年的 5.8 万亿元，涨幅达 34.9%，归属母公司的净利润由 1.2 万亿元增长到了 1.4 万亿元，增长了 16.7%。2017 年，我国国有商业银行的税后净利润已达到 9 000 亿元左右。但财政部部长在 2018 年 10 月报告金融企业国有资产管理情况时指出，我国中央国有金融企业在 2017 年的平均分红率仅为 28.9%。以国有商业银行为主体的国有金融机构上缴财政的利润比例仍有很大的空间。

参考文献

[1] ARNOLD J M, BRYS B, HEADY C, et al. Tax policy for economic recovery and growth. Economic journal, 2011, 121 (550): f59-f80.

[2] BLANCHARD O, PEROTTI R. An empirical characterization of the dynamic effects of changes in government spending and taxes on output. Quarterly journal of economics, 2002, 117 (4): 1329-1368.

[3] CHEN X G. The effect of a fiscal squeeze on tax enforcement: Evidence from a natural experiment in China. Journal of public economics, 2017, 147: 62-76.

[4] CLOYNE J. Discretionary tax changes and the macroeconomy: new narrative evidence from the United Kingdom. American economic review, 2013, 103 (4): 1507-1528.

[5] European Parliament. Tax revenue mobilisation in developing countries: Issues and challenges. European Union, 2014.

[6] GARRETT D G, OHRN E. Tax policy and local labor market behavior. Working paper, 2019.

[7] MERTENS K, RAVN M O. The dynamic effects of personal and corporate income tax changes in the United States. American economic review, 2013, 103 (4): 1212-1247.

[8] OECD. Tax policy reform and economic growth. Paris: OECD publishing, 2010.

[9] OECD. Domestic revenue mobilization in fragile states. Paris: OECD, 2014.

［10］OECD. Revenue statistics 2018. Paris：OECD，2018.

［11］RIERA-CRICHTON D，Vegh C A. Tax multipliers：pitfalls in measurement and identification. Journal of monetary economics，2016，79：30-48.

［12］ROMER C D，Romer D H. The macroeconomic effects of tax changes：estimates based on a new measure of fiscal shocks. American economic review，2010，100（3）：763-801.

［13］ZIDAR O. Tax cuts for whom? Heterogeneous effects of income tax changes on growth and employment. Working paper，2017.

［14］陈钊，王旸.“营改增”是否促进了分工：来自中国上市公司的证据. 管理世界，2016（3）.

［15］范子英，彭飞.“营改增”的减税效应和分工效应：基于产业互联的视角. 经济研究，2017（2）.

［16］郭婧，岳希明. 税制结构的增长效应实证研究进展. 经济学动态，2015（5）.

［17］郭婧. 财政整顿策略：国际经验分析. 中国软科学，2017（3）.

［18］李明，李德刚，冯强. 中国减税的经济效应评估：基于所得税分享改革“准自然试验”. 经济研究，2018（7）.

［19］李戎，张凯强，吕冰洋. 减税的经济增长效应研究. 经济评论，2018（4）.

［20］聂辉华，方明月，李涛. 增值税转型对企业行为和绩效的影响：以东北地区为例. 管理世界，2009（5）.

［21］申广军，陈斌开，杨汝岱. 减税能否提振中国经济？：基于中国增值税改革的实证研究. 经济研究，2016（11）.

［22］童锦治，苏国灿，魏志华.“营改增”、企业议价能力与企业实际流转税税负：基于中国上市公司的实证研究. 财贸经济，2015（11）.

［23］卢雄标，童锦治，苏国灿. 制造业增值税留抵税额的分布、影响及政策建议：基于A省制造业企业调查数据的分析. 税务研究，2018（11）：53-59.

［24］刘怡，耿纯. 增值税留抵规模、分布及成本估算. 税务研究，2018（3）：28-36.

图书在版编目（CIP）数据

中国各地区财政发展指数报告. 2020/马光荣，吕冰洋主编. --北京：中国人民大学出版社，2021.12
（中国人民大学研究报告系列）
ISBN 978-7-300-30056-6

Ⅰ. ①中… Ⅱ. ①马… ②吕… Ⅲ. ①地方财政-研究报告-中国- 2020 Ⅳ. ①F812.7

中国版本图书馆 CIP 数据核字（2021）第 259319 号

中国人民大学研究报告系列
中国各地区财政发展指数报告 2020
主　编　马光荣　吕冰洋
Zhongguo Ge Diqu Caizheng Fazhan Zhishu Baogao 2020

出版发行	中国人民大学出版社		
社　　址	北京中关村大街 31 号	**邮政编码**	100080
电　　话	010 - 62511242（总编室）		010 - 62511770（质管部）
	010 - 82501766（邮购部）		010 - 62514148（门市部）
	010 - 62515195（发行公司）		010 - 62515275（盗版举报）
网　　址	http://www.crup.com.cn		
经　　销	新华书店		
印　　刷	唐山玺诚印务有限公司		
规　　格	185 mm×260 mm　16 开本	**版　　次**	2021 年 12 月第 1 版
印　　张	9.75 插页 1	**印　　次**	2021 年 12 月第 1 次印刷
字　　数	169 000	**定　　价**	35.00 元